Gottes Klang in der Welt

BETTINE REICHELT

Gottes Klang in der Welt

Ein spirituelles Lesebuch

EVANGELISCHE VERLAGSANSTALT
Leipzig

Bettine Reichelt,
Jahrgang 1967, lebt und
arbeitet als freie Autorin und
Lektorin in Leipzig. Sie war
mehrere Jahre als Pfarrerin
und Gemeindepädagogin tätig,
hat sich seit Jahren aber als
Autorin etabliert.

Die Deutsche Bibliothek verzeichnet diese Publikation in der Deutschen
Nationalbibliographie; detaillierte bibliographische Daten sind im Internet
über ‹http://dnb.ddb.de› abrufbar.

© 2011 by Evangelische Verlagsanstalt GmbH · Leipzig
Printed in EU · E 7417

Das Buch wurde auf alterungsbeständigem Papier gedruckt.

Gesamtgestaltung: Ulrike Vetter, Leipzig

ISBN 978-3-374-02846-7
www.eva-leipzig.de

Präludium

Wenn ich das Wort Präludium höre, muss ich an Regen-
tropfen denken. Sie klopften an mein Fenster unter dem
Dach. Ich konnte ihnen als Kind endlos zuhören. Es gab
keine festen Intervalle, keine absolute Sicherheit. Jeder
Tropfen hatte einen eigenen Rhythmus. Und zugleich
vereinten sie sich. Manchmal war es ein zartes Plätschern,
ein harmloser Tanz. An anderen Tagen oder auch nur
Augenblicke später komponierten sie drängende Märsche,
ganze Symphonien, Rock-Opern. Welches Stück ihnen
auch gerade aufgetragen war, es entstand durch sie, und
doch war es nie ihre eigene Komposition. Irgendwann
hatte einer sie aus ihrer Wolke gesandt, um genau diesen
Klang zu ihrer Zeit zu vollbringen.

Das Gehör, sagt man, sei das Erste, was den Menschen
mit der Welt verbindet. Er hört den Herzschlag der Mutter, aber auch die Geräusche des Alltags. Vielleicht war
das für mich eine Art Regentropfensymphonie. Noch bevor der Mensch hell und dunkel unterscheiden kann,
lange bevor er das erste Licht sieht, spürt und hört er
Klang und Rhythmus. Die Symphonie der Schöpfung hat
ihn aufgenommen. Von nun an hat jeder Tag seine eigene
Tongebung. Manche Tage sind geprägt vom Weckerklin-
geln und vom Jaulen, Gackern, Rasseln, Tröten – gele-
gentlich sogar noch einmal Klingeln – der Telefone, andere vom Rauschen des Windes zwischen Felskanten
oder vom Gezwitscher der Vögel.
Keiner der Klänge entsteht nur aus sich selbst. In ihnen
ist immer ein Mehr verborgen. Kein Ton existiert für
sich allein. So ist auch dieses Buch ein Zusammenklang

verschiedener Melodien: Klänge aus der Vergangenheit mischen sich mit den Tönen anderer aus der Gegenwart und meiner eigenen Tonfolge. Wir summen, singen, klagen oder jubeln nebeneinander, nacheinander, miteinander. So werden alle gemeinsam immer wieder neu Teil des Symphonie des Lebens.

Inhalt

Unter der Weite des Himmels

Man möchte aufbrechen
noch einmal
Leben annehmen, aufnehmen,
nicht den Nutzen im ersten Blick
ergründen wollen
Zukunft haben
Morgen sagen dürfen
und es so meinen

Ein Aufbruch

Und der HERR sprach zu Abram: Geh aus deinem Vater-
land und von deiner Verwandtschaft und aus deines Vaters
Hause in ein Land, das ich dir zeigen will. Und ich will
dich zum großen Volk machen und will dich segnen und
dir einen großen Namen machen, und du sollst ein Segen
sein. Ich will segnen, die dich segnen, und verfluchen,
die dich verfluchen; und in dir sollen gesegnet werden
alle Geschlechter auf Erden.

1. Mose 12,1–3

Die Berufung Abrahams wird im Alten Testament mehrfach erzählt. Abram wird zu Abraham. Ich stelle es mir so vor: Unter dem Himmel steht ein Mann. Er ist allein. Die Weite und zugleich Enge seiner Welt umgibt ihn. Über ihm breitet sich das All. Ausgefüllt mit blauer Tiefe und leuchtenden Punkten. Ein Zelt. Das Sternenzelt. Der Mensch ist klein und zugleich Teil dieses Ganzen, Teil einer unermesslichen Größe, die er nie erfassen wird. Dort steht der Mensch, dem Gott den Namen Abraham geben wird, und hört einen Klang. Die Harmonie des Weltalls. Unbekannt, neu. Die Melodien der Sphären sind für unsere Ohren nicht hörbar. Dennoch empfinden wir Menschen sie und stehen ergriffen unter dem offenen Himmel. Abraham vernimmt dort etwas, was sein Leben von Grund auf verändert. Es sind Worte, die ihn aufbrechen lassen. Ermutigung zum eigenen Leben, das zugleich auch das Leben einer größeren Realität ist. Geh – ich will dich segnen, und du sollst ein Segen sein.

Und Abraham geht. Das Lied, das er unter der Weite seines heimatlichen Himmels gehört hat, verrauscht nicht, sondern klingt in ihm weiter. Es ist eine Melodie, die durch ihn hindurch bis heute erklingt.

Damit wird er zur entscheidenden Person nunmehr dreier Weltreligionen. Der Inbegriff des glaubenden und vertrauenden Menschen. Nicht unangefochten und nicht fehlerfrei, aber in seinem Suchen, in seinem Zweifel, in seinen Abwegen durchdrungen und durchklungen von einer Melodie, die anders und größer ist als sein eigenes kleines Leben.

Geht man von den etymologischen Bezügen des Wortes Person aus, so scheint dieses Durchklungenwerden eine tiefe Bestimmung jedes Menschen zu sein. Die beiden Wortwurzeln *per* (lat., durch) und *sonare* (lat., klingen), legen eine solche Deutung nahe. Was ist der Mensch? Einer, der, bereits bevor er das Licht der Welt wahrnimmt, von dem Klang und dem Rhythmus eines anderen Lebens durchpulst wird. Er ist, weil andere waren und sind. Kein Mensch findet den Klang seines Lebens nur aus sich heraus, er braucht und hat ein Woher und ein Wohin, auch wenn ihm das nicht zu jeder Zeit seines Lebens bewusst ist und unabhängig davon, ob die Tonart dieses Menschen anderen Menschen gefällt oder nicht. Auch das ist etwas, was Menschen von Abraham lernen können: Wir sind eine Klangfolge in anderen Klangfolgen. Und durch uns und mit uns werden sich alte Klänge in neue verwandeln.

[...] Glauben ist nicht folgenlos. An Gott zu glauben bedeutet vielmehr, ein neues Leben zu führen. Zugleich wirft der religiöse Glaube ein spezifisches Licht auf die Wirklichkeit. Weder schmälert er das Faktenwissen, noch schränkt er menschliche Erfahrung ein, sondern er lässt das Ganze in einer neuen Perspektive erscheinen. Eine solche umfassende Perspektive lässt sich mit dem Vorzeichen in der Musik vergleichen: Das Vorzeichen, das die Tonart vorgibt, verleiht der Melodie ihre spezifische Note, ihren charakteristischen Klang. Das Vorzeichen des biblischen Glaubens bringt zum Klingen: Hinter allem steht eine wohlwollende Macht, die es gut mit den Menschen meint. Wer hingegen an die Absurdität der Welt glaubt, für den ist Harmonie eine Illusion. Alles ist von Grund auf verstimmt.

Andreas Knapp/Melanie Wolters

Ist aber dieser Klang Gott selbst? Johann Sebastian Bach gibt darauf eine Antwort – als Randnotiz auf dem Manuskript seines Weihnachtsoratoriums: »Notabene – Merke wohl: Bey einer andächtigen Musik ist allezeit Gott mit seiner Gnadengegenwart.« So wie es Elia auf dem Berg Horeb erlebt, ist Gott nicht selbst das Getöse oder die Melodie. Und doch ist er in all dem ungreifbar anwesend.

Der Herr sprach: Geh heraus und tritt hin auf den Berg vor den HERRN! Und siehe, der HERR wird vorübergehen. Und ein großer, starker Wind, der die Berge zerriss und die Felsen zerbrach, kam vor dem HERRN her; der HERR aber war nicht im Winde. Nach dem Wind aber kam ein Erdbeben; aber der HERR war nicht im Erdbeben. Und nach dem Erdbeben kam ein Feuer; aber der HERR war nicht im Feuer. Und nach dem Feuer kam ein stilles, sanftes Sausen. Als das Elia hörte, verhüllte er sein Antlitz mit seinem Mantel und ging hinaus und trat in den Eingang der Höhle.

1. Könige 19,11–13

Sing!

Damit die Melodie, die in mir ruht, real wird, muss ich sie singen. Der Ton Gottes wird nicht gehört, wenn ich stumm bleibe, allein, für mich, verborgen. Elia, der eifernde Prophet, der nicht frei war von Fehlern und Eitelkeiten, verlässt den Berg wieder und bringt seine Worte in die Tagespolitik ein. Ich komme nicht umhin, mein Leben zu leben. Misstöne und Dissonanzen sind nicht ausgeschlossen. Auch davon wüsste Elia ein Lied zu singen. Die schrägen Töne gehören zum Risiko jeden

Lebens. Aber im Gesamt der Melodien haben auch sie zumeist Sinn. Auch wenn er mir verborgen bleibt, selbst wenn ich davon nie erfahren werde. Und vielleicht ist gerade der Ton wesentlich, der als Misston die gesamte Tonfolge stört oder gar zerstört – und den ich deshalb liebend gern streichen würde.

Zu Beginn des 20. Jahrhunderts sammelte Alexander Carmichael in Irland Lieder und Gebete der Iren, die in Vergessenheit zu geraten drohten, und schrieb sie auf. In seinem Werk, den Carmina Gadaelica, den Gälischen Gesängen, ergänzte er die Texte durch Schilderungen der Bräuche. Heute sind diese Loblieder, Gebete und Gedichte im europäischen Raum sehr bekannt. Offensichtlich finden viele Menschen in diesen alten Worten ihre eigene Sehnsucht in Worte gefasst.

Am Morgen, so berichtet Alexander Carmichael, verbanden einige Iren ihr Morgenlied mit dem Gesang der Schöpfung. Sie brachen unter dem Klang des alten Segens in den neuen Tag auf:

RUHE VOR DEM BETEN

Ich beuge meine Knie
im Angesicht des Vaters, der mich erschuf,
im Angesicht des Sohnes, dessen Eigen ich bin,
im Angesicht des Geistes, der in mir aufräumt,
in Freundschaft und Zuneigung.

Schütte über uns die Fülle aus,
o Gott, durch deinen Gesalbten,
dort, wo wir im Mangel sind.

Liebe zu Gott.
Zuneigung von Gott,
Gottes Lächeln,
Gottes Weisheit,
Gottes Gütigkeit,
Gottesfurcht
und Gottes Willen,

damit wir ihn auf der Erde des Dreieinigen tun,
wie die Heiligen und die Engel im Himmel –

im Schatten und Licht,
bei Tag und bei Nacht,
beständig und freundlich –
gib du uns deinen Geist,
Du.

Die alten Leute auf den Inseln singen dieses oder ein anderes kurzes Lied, bevor sie beten. Manchmal stimmen sie Lied und Gebet als tiefe, schwingende, unendliche Kadenz an, wie das Wogen und Stöhnen, das Rauschen und Seufzen des immertönenden Meers an ihren eigenen wilden Stränden.
Sie ziehen sich dazu gewöhnlich in eine Kammer zurück, in ein Nebengebäude, den Windschatten eines Hügels oder in ein schützendes Tal, wo sie von keinem Menschen gesehen oder gestört werden können.
Ich habe Männer und Frauen kennengelernt, achtzig, neunzig und hundert Jahre alt, die immer noch ihrer Gewohnheit folgend ein bis zwei Meilen zum Strand gingen, um dort ihre Stimmen in die Stimme der Wellen zu mischen und ihre Loblieder in die endlosen Loblieder des Meeres.

Alexander Carmichael

Eine Inflation

Die Flüchtigkeit des Klangs scheint zu unserer Zeit nur
schwer zu passen. Gab es je eine Zeit, in der Töne, Worte,
Äußerungen jeder Art so sehr zu Hülsen verkommen
sind wie in unserer? Täglich rauscht eine wahre Flut davon an beinahe jedem Menschen auf dieser Erde vorbei,
über ihn hinweg. Sie ist kaum zu fassen, kaum festzu-
halten. Und andererseits ist es beinahe unmöglich, sich
in diesem Strom noch über Wasser zu halten.
Muss ich mich diesem allen unterordnen? Kann ich mich
dem entziehen, oder bin ich hilflos ausgeliefert? Wozu
sollte ich mich näher mit werbewirksamen Texten be-
fassen, die nichts anderes sagen wollen, als dass ich
dieses oder jenes Produkt kaufen soll? Was ist ein Superstar noch, wenn es davon nicht einen oder zehn auf der
Welt gibt, sondern Hunderttausende? Je lauter für ein
Produkt geworben wird, umso übersteigerter muss die
Wortwahl sein. Wäsche ist nicht mehr sauber, sondern
rein. DAS Waschmittel des Planeten. Keine Band kann
sich lange am Erfolg erfreuen, wenn sie nicht irgendwann
endlich zur erfolgreichsten Band aller Zeiten gekrönt
wird. DIE Band des Jahres. Wessen Romandebüt sollte
man lesen, wenn nicht das des zukünftigen Nobelpreis-
trägers? DAS Buch der Saison! Inflation der Worte und
des Denkens.
Dem entspricht eine Inflation der Gefühle, positiv wie
negativ. Die Sehnsucht nach erfüllter und erfüllender
Liebe ist groß. Aber ist es wirklich Liebe, die gesucht
wird? Ist es nicht meist doch nur der ultimative Kick,
auch gefühlsmäßig? Oder möchte man vielleicht wenigstens an dieser Stelle dem Ideal entsprechen, das von

außen herangetragen wird? Dem Superstar entspricht die Superliebe – zu Kindern, Eltern, Freunden; der Superliebe entspricht der Superhass: Wenn ich keine Erfüllung finde, was kann ich dann anderes tun, als mich, meinen Nachbarn, die Welt abzulehnen. Und wenn das nicht ausreicht, den Feind zu zerstören. Gab es je eine Zeit, in der so viele psychische Erkrankungen zu beobachten waren wie heute? Gab es je eine Zeit, in der Menschen sich so hassten, Jugendliche so bereit waren, andere auszulöschen oder ihnen wenigstens Schaden zuzufügen? Gab es je eine Zeit, in der Menschen auf Abweichungen von der Norm sensibler reagierten als wir heute? Und wenn wir schon, wie es scheint, nicht in der Lage sind, die Welt in ein Himmelreich zu verwandeln, so – meinen wir vielleicht – sollten wir doch zumindest die schrecklichste und schwerste aller Zeiten erleben. Wenigstens dieses. Die Inflation aus Worten und Gefühlen beherrscht Herz und Verstand. Gab es je ...

Ja, es gab. Der kritische Blick auf die Geschichte lässt das Gab-es-Je im Halse steckenbleiben. Wir sind weder die erfolgreichsten Menschen aller Zeiten noch die schlechtesten. Wir sind nicht die klügsten Menschen und nicht die unfähigsten. Realistisch betrachtet sind wir in allem den Vorfahren sehr ähnlich. Weder wesentlich besser noch wesentlich schlechter.

Dennoch bleibt der Druck bestehen. Was kann man dagegensetzen? Das Himmelreich wird auch unter uns, wie zu allen Zeiten, als Samenkorn zu finden sein oder als flüchtiger Klang. Der Mensch, der sich die Zeit nimmt, den Samen in die Erde zu legen, wird das Wachsen einer Pflanze erleben dürfen. Der, der zuhört, die Melodie. Viele entdecken neu, dass es gut tut, sich nicht allem zu stellen, zerbrechlich und fehlbar zu sein, nicht alles wissen zu müssen. Das schließt nicht aus, dass Lernen und Erfahrung wesentlich sind. Sie sind aber ebenso ein Teil des Lebens wie der Raum für die Zerbrechlichkeit des Daseins, die Begrenztheit.

Ein Tag ohne Fernseher, ein Tag ohne Radio, gewissermaßen ein Wüstentag, vielleicht auch nur eine wüste Stunde: Nichts ist geplant, kein Weg geebnet und kein Lied festgelegt. Ich bin da. Schon das ist genug. Irgendwann war einer, der sagte Ja. Und darum bin ich. Fühle ich das noch? Ich, hier und jetzt anwesend. Ein Herzschlag und ein Atemzug.

Dieser Versuch, sich in den eigenen Grenzen wahr- und anzunehmen, ist wohl so alt wie die Menschheit selbst. Bernhard von Clairvaux schrieb vor einigen Jahrhunderten in einem Brief an Papst Eugen III.:

Wo soll ich anfangen? Am besten bei deinen zahlreichen Beschäftigungen, denn ihretwegen habe ich am meisten Mitleid mit dir. Ich fürchte, dass du, eingekeilt in deine zahlreichen Beschäftigungen, keinen Ausweg mehr siehst und deshalb deine Stirn verhärtest; dass du dich nach und nach des Gespürs für einen durchaus richtigen und heilsamen Schmerz entledigst. Es ist viel klüger, du entziehst dich von Zeit zu Zeit deinen Beschäftigungen, als dass sie dich ziehen und dich nach und nach an einen Punkt führen, an dem du nicht landen willst. Du fragst, an welchen Punkt?

An den Punkt, wo das Herz hart wird. Frage nicht weiter, was damit gemeint sei; wenn du jetzt nicht erschrickst, ist dein Herz schon so weit. Das harte Herz ist allein; es ist sich selbst nicht zuwider, weil es sich selbst nicht spürt. Was fragst du mich? Keiner mit hartem Herzen hat jemals das Heil erlangt, es sei denn, Gott habe sich seiner erbarmt und ihm, wie der Prophet sagt, sein Herz aus Stein weggenommen und ihm ein Herz aus Fleisch gegeben (Ezechiel 36,26).

Wenn du dein ganzes Leben und Erleben völlig ins Tätigsein verlegst und keinen Raum mehr für die Besinnung vorsiehst, soll ich dich da loben? Darin lobe ich dich nicht. Ich glaube, niemand wird dich loben, der das Wort Salomons kennt: ›Wer seine Tätigkeit einschränkt, erlangt Weisheit‹ (Jesus Sirach 38,25).

Bestimmt ist es der Tätigkeit selbst nicht förderlich, wenn ihr nicht die Besinnung vorausgeht. Wenn du ganz und gar für alle da sein willst, nach dem Beispiel dessen, der allen alles geworden ist (1. Korinther 9,22), lob ich deine Menschlichkeit, aber nur, wenn sie voll und echt ist. Wie kannst du aber voll und echt Mensch sein, wenn du dich selbst verloren hast?

Auch du bist ein Mensch. Damit deine Menschlichkeit allumfassend und vollkommen sein kann, musst du also nicht nur für alle anderen, sondern auch für dich selbst ein aufmerksames Herz haben. Denn was würde es dir sonst nützen, wenn du – nach dem Wort des Herrn (Matthäus 16,26) – alle gewinnen, aber als einzigen dich selbst verlieren würdest?

Wenn also alle Menschen ein Recht auf dich haben, dann sei auch du selbst Mensch, der sein Recht auf sich selbst hat. Warum solltest einzig du selbst nichts von dir haben? Wie lange bist du noch ein Geist, der auszieht und nie wieder heimkehrt (Psalm 78,39)? Wie lange noch schenkst du allen andern deine Aufmerksamkeit, nur nicht dir selber? Ja, wer mit sich selbst schlecht umgeht, wem kann der gut sein?

Denk also daran: Gönne dich dir selbst! Ich sage nicht:

Tu das oft! Aber ich sage: Tu es immer wieder einmal. Sei wie für alle anderen auch für dich selbst da, oder jedenfalls sei es nach allen anderen.

Bernhard von Clairvaux

Die Melodie erkennen

LOSGEHEN BEI NACHT

Und die Lampe dalassen
Suchen was geschah
Vages Geheimnis
Sterne scheinen genug auf den Weg
Pfad gibt es überall
Leiten sie mich auch anders
Wenn der Tag anbricht
wird sich das Tor öffnen
Staunend verharre ich im Dunkel
Blicke auf:
Vor mir
Licht des neuen Tages
Auch jetzt noch
Unerwartet überraschend

Wie die Hirten
schweigend Anbetung lernen
Wie sie
Losgehen bei Nacht

Die vielleicht tiefsten Erfahrungen mit Musik verbinden sich in unserem Kulturkreis mit der Adventszeit und dem Weihnachtsfest. Zu dieser Zeit ist es (noch) nicht peinlich zu singen. Wer die Texte nicht kennt, kann die alten Lieder zumindest mitsummen. Und jährlich entstehen immer neue. Manche, auch neue Melodien, schleichen sich in die Ohren, ins Gedächtnis ein. Sie geben dem Monat Dezember eine eigene Stimmung, eine eigene Schwingung. Oft weiß jeder von den ersten Takten an: Das gehört zu Advent und zu Weihnachten. Auch wenn man es in den letzten Tagen vor Weihnachten in den Kaufhäusern kaum noch ertragen kann. Dennoch schwingt tief in uns etwas mit diesen Liedern mit, etwas Urvertrautes.

Ich habe mich oft gefragt, warum die Heilige Nacht dieses seltsame Weh auslöst. Es ist, als ob sich alle Poren unserer Seele öffnen. Nie sind wir so dünnhäutig. Selten so empfänglich für die Frage nach dem Woher und Wohin. Was »passiert« uns da, was geht uns da so durch und durch?
›Ich komm, weiß nicht woher. Ich geh, weiß nicht wohin – mich wundert's, dass ich fröhlich bin.‹ Diesen mittelalterlichen Vers des Martinus von Biberach hat Luther ergänzt durch den Gegensatz: ›Ich komm, weiß wohl woher. Ich geh, weiß wohl wohin – mich wundert's, dass ich traurig bin.‹
Offensichtlich beruht das Weh der Weihnacht in diesem Ineinander von Fröhlichsein und Traurigkeit. »Innig

geknetet« (Hölderlin) liegen sie ineinander: Der Schmerz der Verluste – was ist mir schon verloren gegangen! Und die Sehnsucht, wieder herzustellen, was zum Glück noch fehlt. Während sich die einen dieser gärenden Gemengelage – und sei es durch Sarkasmus – entziehen, suchen die anderen eine heile Welt. Wenigstens in dieser Nacht.

Beides erlöst uns nicht. Die Erschütterung rührt zu tief an den Festen unseres Daseins. Dem Schmerz, der zu aller tiefen Weihnachtsfreude gehört, kann man offenbar nur ein Ziel geben: ›Oh Jesu parvule, nach dir ist mir so weh. Tröst mir mein Gemüte. Durch alle deine Güte – trahe me post te.‹

Was geschieht, wenn wir uns so wegtragen lassen? Was ist der Punkt im weiten All, zu dem uns das Dunkel dieser wundersamen Nacht hinführt? Er konzentriert sich im Angesicht eines Kindes. Eines jeden Kindes, auch das in uns gewahren wir in dieser Nacht ja anders als sonst.

Die Heilige Nacht berührt uns also mit dem zärtlichsten aller Geheimnisse: Gott selbst verbirgt sich in einem Kind. »Nichts ist so klein, Gott ist noch kleiner, nichts ist so groß, Gott ist noch größer« (Luther). Nirgendwo treffen sich Gott und Mensch so umstandslos, so offensichtlich und doch so geheimnisvoll wie in einem Kind.

Was gibt er uns mit diesem Treffen zu verstehen? Mit den Augen eines Kindes sagt er uns offensichtlich: Ich habe keine Angst vor euch. Ich gebe mich in eure Hand.

Wer einmal die plötzliche Durchflutung gespürt hat, wenn ein Kind unsere Hand sucht, der erfährt, wie die Kraft solch ungeschützten Vertrauens Herz und Sinne warm durchströmt. Man kann gar nicht anders, als dieses Vertrauen nicht zu enttäuschen. Es verändert uns. Es verleiht uns Flügel. Jene Fittiche, die im Erheben zugleich bergen.

Ein Kind zu betrachten, heißt aber immer auch, betrachtet zu werden. Es sieht uns – manchmal entwaffnend – oft genauer als wir uns selbst. Auch das verändert uns. Wir sehen uns in den Augen eines Kindes anders.

So gibt uns Gott offenbar auch zu verstehen: Ich sehe wohl eure Grenzen. Aber in meinen Augen seid ihr trotzdem groß. Ich vertraue euch. Ich vertraue euch alles an: Die Welt, das Klima, den Frieden.

Peter Meis

Alte Lieder, neu gesungen

Wir schwingen uns in das ein, was uns gesagt ist. Lange vor uns. In den Tagen des Advent und um Weihnachten ist es nur besonders offensichtlich: Wir erkennen das Fest, weil die Melodie dazu – auch in jedem von uns – längst vorhanden ist. Wir singen nach – obwohl die Vorsänger manchmal kaum noch bekannt sind. Wie Maria. Die Frau, die das Kind zur Welt bringt. Noch weiß sie fast nichts über die Zukunft, aber

> Maria singt:
> Meine Seele rühmt den Herrn,
> und mein Geist freut sich
> über den Gott, der mir hilft.
> Denn er hat seine Magd,
> die so niedrig ist, wert geachtet.
> Glücklich werden mich preisen

Menschen und Völker zu allen Zeiten.
Der Mächtige
hat Großes an mir getan,
er, der Heilige.
Von Geschlecht zu Geschlecht
waltet seine Barmherzigkeit
über denen, die ihn fürchten.
Gewaltiges wirkt er,
die Hochmütigen zerstreut er wie Sand.
Niedrige richtet er auf.
Hungrige sättigt er reichlich,
Reiche treibt er mit leeren Händen davon.
Er nimmt sich seines Dieners Israel an
und gewährt ihm seine Barmherzigkeit.
Unseren Vätern hat er es angesagt,
und in Ewigkeit gilt es Abrahams Volk –
dem Volk, das ihm dient.

Lukas 1,46–55,
in einer Übertragung von Jörg Zink

Von außen betrachtet hat Maria keinen Grund für ausgerechnet dieses Lied: Sie ist ungewollt schwanger und geht einer ungewissen Zukunft entgegen. Es beginnt ein Weg, der ihr bis ans Ende vor allem Ärger einbringt und den sie dennoch auf sich nimmt mit der Verheißung, unter dem Schatten der Gnade Gottes zu leben. Der Schatten kann ein Schutz sein. Er bewahrt mich vor zu greller Sonne. Und zugleich sprechen wir davon, dass ein Schatten über einem Leben liegt. Ein Schatten trennt mich auch von dem, was mein Leben hell machen könnte. Ist sie sich all der Ambivalenz bewusst, die der Schatten Gottes über ihrem Leben zur Folge hat?

Maria ist in ihrer Lage zu ihrer Zeit auch nur eine Frau. Und so erzählt Lukas, ein Mann, Jahrzehnte später, wie in ihr etwas aufbricht, etwas anders wird. Sie stimmt in ein Lied ein, das Generationen von Frauen vor ihr gesungen haben. In der Bibel ist es vor allem Hanna, die Mutter von Elia, dem ersten Propheten. Ihr Lied diente vermutlich Lukas als ein Vorgesang, ein Vorklang, ein Präludium. Aber Hanna hatte allen Grund zu singen. Ihre Kinderlosigkeit und damit ihre Schande endet. Maria steht am Beginn ihrer Schande, die auch auf ihren Sohn Jesus abfärben wird. Bis zuletzt nennt man ihn den Sohn der Maria. Joseph spielt offensichtlich in dieser Frage kaum eine Rolle. Maria hätte wirklich keinen Grund zu jubeln. Aber sie singt.

Und sie singt von Dingen, die sie nicht wissen kann. Die auch Lukas – in rein mathematisch-realistischen Sinn – nicht wissen konnte. Zu seiner Zeit ist von einer sichtbaren Wirkung des Lebens Jesu kaum etwas zu spüren. Eine Kirche, die sich dem Leben Jesu verpflichtet weiß, ist bestenfalls in Ansätzen zu erleben. Von einem Gott, der sich im Römischen Reich sichtbar der Armen, Schwachen, Ausgegrenzten angenommen hätte, ganz zu schweigen. Woher nimmt Lukas aber dann sein Wissen? Wie kann er mit solcher Selbstsicherheit von einer Zukunft sprechen, die – auch für uns heute – unabsehbar ist?

Immer wieder widmen sich Ausleger dem alten Lied. Und nie kommen sie wirklich damit an ein Ende. Das ist das Geheimnis der alten Lieder, die aus Quellen schöpfen, die weit tiefer liegen, als es den Anschein hat. Offensichtlich besitzen Menschen ein Gespür, eine Antenne, eine Aufnahmestation für den eigenen Klang, in den sie sich einschwingen. Jazzmusiker nennen es den Sound.

Der Sound eines Jazzkünstlers ist unverwechselbar. Er ist gewissermaßen sein Markenzeichen. Während Bach in gewisser Weise immer nach Bach klingen sollte, egal welche Musiker das Stück aufführen, wird eine Jazzkomposition vor allem vom Interpreten geprägt, von seinem Sound. So kann man es auch in anderen Zusammenhängen erleben: Jeder Mensch hat Anteil an den Klängen, die der Kosmos ihm zur Verfügung stellt. Und doch entwickelt er aus dem Vorhandenen etwas unverwechselbar Eigenes: seinen Sound. Darin mischen sich bekannte Melodien mit dem Persönlichen.

Häufig gibt es dafür, dass Menschen die alten Lieder in ihrer eigenen Interpretation wiedergeben, keinen erkennbaren äußeren Anlass. Sie beginnen zu singen oder zu erzählen. Manchmal wird erst Jahre, Jahrzehnte oder Jahrhunderte später deutlich, dass sie Recht hatten.

Man kann die Aufnahmefähigkeit nicht beweisen. Nur indirekt entdecken wir sie. Vielleicht darin, dass immer wieder und zu allen Zeiten Menschen unerhörte Lieder angestimmt haben, vollmundig wie die Propheten, die mehr aussagten, als sie wussten. Immer wieder kündeten sie von einem anderen Leben. Wie grauenvoll ihre eigene Situation auch war. Vielleicht erkennt man es auch daran, dass Menschen in der Lage sind, ihrer Zeit weit voraus zu denken. Oder daran, dass sie – manchmal gegen alle Vernunft – an einer Hoffnung festhalten und sich nicht irre machen lassen.

Wie Maria. Auch sie hatte ein angeborenes Gespür für eine andere Musik, die ihren Widerklang im Wort findet. Wir singen nach. Und zugleich, indem wir nachsingen, singen wir auch den anderen vor. Und die Melodie schwingt weiter. Von Mensch zu Mensch, von Generation zu Generation. Von Welt zu Welt. Von Ewigkeit zu Ewigkeit.

Viele sind im Blick auf diese Melodien weitgehend unmusikalisch geworden. Die »Antennen« wurden gewissermaßen demontiert oder doch sehr reduziert. Andere entdecken den Klang gerade in den letzten Jahren neu. Es wächst das Interesse an Spiritualität und Religion. Zu Weihnachten scheint es, zumindest in Deutschland und in den Ländern des sogenannten Westens, eine besondere Aufnahmebereitschaft zu geben. Und das Gefühl für das, was unter uns anders sein könnte, bricht alle Jahre wieder auf. Daran können auch Menschen anknüpfen, denen die in Europa gebräuchlichen religiösen Symbole und Worte sonst fremd geworden sind. Diese innere Gestimmtheit ist gefährdet und dem Missbrauch ausgesetzt. Dennoch ist es ein ermutigendes Zeichen: Wir sind noch immer, auch als rationalistische, aufgeklärte Menschen mit dem verbunden, was uns »unbedingt angeht«. Welch eine Chance!

Der Klang der Stille

In einem seiner bekannten Lieder fragt Gerhard Schöne sich und damit auch uns: »Hörst du noch den Klang der Stille wie vor Jahren heut?« Ist das nicht ein Widerspruch in sich? Stille ist Stille und Klang ist Klang. Wenn irgendwo Klang ist, kann keine Stille sein. Das ist mechanisch-physikalisch nicht möglich. Zumindest dann nicht, wenn Stille die Abwesenheit jeglichen Geräuschs bedeutet.

Doch Stille, der klare Grund aller Erscheinungen, also auch unserer Kontur, ist nicht nur die Abwesenheit oder das Atemholen der Geräusche, sie ist nicht einmal still, und so wie ein völlig tauber Mensch es fühlt, wenn plötzlich Mozarts Musik gespielt wird, so ist auch für den, der Ohren hat, in der Stille eine Harmonie, die nicht aufzuwiegen ist von Poesie oder ihrer Sprache, einer beglückenden Assonanz etwa oder dem zartbronzenen Klang eines Genitivs. In der Stille offenbart sie sich am deutlichsten, die Idee der Vollkommenheit, denn unser Dichten und Denken ist letztlich immer nur Abgrenzung; sich der Stille überlassen aber heißt Weite gewinnen, innere Freiheit.

Ralf Rothmann

Das, was die Mystiker seit Jahrhunderten empfinden, gehört mittlerweile zu den Grunderkenntnissen der Physik: Wissenschaftler haben im vergangenen Jahrhundert festgestellt, dass es eine Abwesenheit jeglichen Geräuschs nicht gibt. Nie. An keinem Ort im Universum. Selbst der weite Raum des Alls ist erfüllt von Klängen, Harmonien, Rhythmen, auch wenn das menschliche Ohr sie nicht vernimmt. Hier auf der Erde singen die Vögel, rauscht der Wind, pulsiert das Blut in den Adern. In den Fernen des Universums tönt jeder Planet, jede Sonne, auch die bis heute nur schwer erklärbaren schwarzen Löcher. Das menschliche Ohr ist in gewisser Weise taub dafür. Und dennoch ist all das wahrnehmbar. Die Leere ist nicht still. Sie ist erfüllt von Sound. Und wir mit ihr. Denn jede Welle, die in den Weiten des Weltraums ausgesandt wird, erreicht auch uns. Oft ist sie Jahre, Jahrhunderte, Jahrtausende unterwegs, bis sie uns von einer Zeit kündet, die längst vergangen ist. Aber irgendwann erreicht sie jeden. Wir sind uns dessen nur selten bewusst. Alles ist in ständiger Bewegung, ein beständiges Klingen. Auch ich selbst.

Ist das eine neue Form von Unstetigkeit? Macht das Bewusstsein dieser ständigen Bewegung den Menschen nicht noch unruhiger? Sollte man nicht eher dem Wahrnehmen dieses größeren Zusammenhangs ausweichen?

Es ist ein eigentümlicher, in sich widersprüchlicher Effekt: Während man das Getriebe des Alltags oft als belastend erlebt, ein Gehetztsein von all dem, was zu tun ist oder was man selbst nicht tun kann, etwas, dem man beinahe hilflos ausgeliefert ist, öffnet die Stille, das Sich-Einlassen gerade auf die andere Bewegtheit, einen Raum der Weite und der Geborgenheit: Ich bin gehalten, wie auch immer mein Leben verläuft. Ich bin Teil eines großen Ganzen, wie zersplittert ich mich selbst auch erleben mag. Ich bin. Jetzt und hier und ganz.

> Das ist die Sehnsucht: Wohnen im Gewoge
> und keine Heimat haben in der Zeit.
> Und das sind Wünsche: Leise Dialoge
> täglicher Stunden mit der Ewigkeit.
>
> Und das ist Leben. Bis aus einem Gestern
> die einsamste von allen Stunden steigt,
> die, anders lächelnd als die andern Schwestern,
> dem Ewigen entgegenschweigt.

Rainer Maria Rilke

Die Stille hat eine andere Qualität als Abwesenheit von Geräuschen. Sie überrascht, bricht ein und entzieht sich. Sie ist nicht von mir zu schaffen. Auch mitten im Lärm der Städte kann man Stille erleben. Sie begegnet mir. Manchmal überraschend, manchmal, wenn ich mich bewusst vom Alltag distanziere und das loslasse, was mich im Allgemeinen umtreibt. Sie ist immer eine Gnade, ein Geschenk. Mir ist es lediglich gegeben, dafür offen zu werden.

An manchen Orten gelingt mir das Eintreten in diese andere Art des Lebens leichter als an anderen. Entscheidend ist nicht, ob es »funktionieren« kann oder nicht. Entscheidend ist meine Offenheit dafür. Für mich ist das Betreten einer Insel ein solcher Schritt in die Stille. Oft habe ich gerade dann das Gefühl, dass die Uhren anders gehen, dass das beständige Ticken kaum noch zu vernehmen ist. Andere erleben »über den Wolken« grenzenlose Freiheit. Entgrenzung, Transzendenz, Stille, die Anwesenheit eines Anderen, eines Tieferen, Weiteren. Gott selbst.

Es widerfährt einem nicht oft im Leben, und immer geschieht es unvermutet und meistens an ganz gewöhnlichen Plätzen mitten im alltäglichen Getriebe, dass einem plötzlich der Atem stockt und man erstarrt, weil man sich angesprochen fühlt von dieser Stille, die so verdichtet ist, dass man glaubt, sie berühren zu können. Für mich sind es immer dieselben Orte – ein Hügel bei Leonberg im Schwäbischen, ein Straßenstück in dem brandenburgischen Dorf Chorin und eine ganz bestimmte Stelle der

Breestpromenade in Berlin –, an denen sie vernehmlich wird, und jeder, den ich dorthin führe, hat ein ähnliches Erleben. In der Stille artikuliert sich das Unaussprechliche, und genau das empfindet man an solchen Orten zwischen den Zeilen und jenseits der gewöhnlichen Geräusche, zu denen ja auch die Sprache gehört. Man fühlt sich zurechtgerückt vom Geheimnis. Man wird entziffert.

Ralf Rothmann

Der Klang der Stille ist zu keiner Zeit gleich. Und er unterscheidet sich von Mensch zu Mensch. Gemeinsam ist diesen Erlebnissen aber vor allem eines: Die paradoxe Erfahrung, dass ich, obwohl ich weniger tue, intensiver, gefüllter lebe. Die Stille laugt mich nicht aus, auch wenn sie mich herausfordert und anstrengend sein kann. Aber letztendlich beschenkt sie. Ich bin auf neue Weise durchtönt von der Musik des Himmels, die zum Leben hilft, ja, die das Leben eigentlich ausmacht und ist.

Die Denker der alten Welt und noch des Mittelalters stellten sich [...] vor, der Kosmos bestehe aus ineinander liegenden schalenartigen Kristallkugeln, die sich ineinander bewegen. Sie seien aber so vollkommen in ihrer Kugelgestalt, dass in ihnen eine wunderbare Musik, die Musik der Sphären, entstünde. Bis zu Kepler reicht diese Vorstellung. In seinem wunderbaren Werk »harmonia mundi« drückt er diesen Gedanken aus.
Nach Kepler aber treten diese Harmonien nicht nur in der Musik auf. Er findet sie auch in den Metren der Dichter, im Rhythmus des Tänzers, in den Farben – bei den Refraktionswinkeln der einzelnen Farben des Regenbogens – im Geruch oder Geschmack, in den Gliedern des menschlichen Körpers [...].

Wir Menschen sind nicht die Urheber dieser Wahrheit, wir sind aber ihre Instrumente. Wir sind Durchgangsorte für etwas, das kommt und geht. Wir können wissen, dass wir entbehrlich sind und dennoch, als Instrumente, unentbehrlich. Keiner unserer Gedanken ist zu Ende gedacht. Es werden immer andere Gedanken nachfolgen müssen, und alles Erkannte bedarf der Veränderung, der Bewährung und der Wandlung. Wir sind unterwegs unter den Wolken und mit dem Wind und haben kein Ziel, sondern immer nur Rastplätze unseres Denkens und unseres Glaubens. Wir sind dankbar für jede Begegnung und dürfen auch die Abschiede bejahen. Wir sind dankbar dafür, dass der Geist Gottes nahe ist, und versuchen, »geistesgegenwärtig« zu tun, was die Stunde will. Denn jeder Klang hat seine Zeit. Er schwingt auf und verklingt. Wir dürfen also beenden, was seine Stunde gehabt hat. Wir gehen uns selbst voraus, lassen uns vom nächsten Augenblick auffangen. Wir vertrauen der Gnade, die wir erfahren und die, wie sie will, uns wieder begegnet.

Und so werden wir selbst eine kleine Melodie in der großen Musik, und die heilende Kraft der Schwingung und des rhythmischen Geschehens wirkt auch in uns selbst. Und wir beginnen zu wissen, dass die Kräfte, die die Geschichte vorwärtstreiben, nicht allein die unseren sind. Vor allem wird uns deutlich, dass die Stufenleiter der Geschöpfe mit einiger Gewissheit höher reicht als nur bis zum homo sapiens und dass die Rede von Engeln und von Mächten alles andere ist als ein Relikt aus vergangenen Zeiten, dass sie vielmehr eine Notwendigkeit ist für den, der wissen will, woher für die Zukunft die rettenden und heilenden, erlösenden und befreienden Kräfte kommen sollen.

Jörg Zink

Von der Melodie zum Lied

Ich werfe meine Sehnsucht
wie die Botentaube gen Himmel.
Weit, weit,
möge sie Gott erreichen
möge sie Gott finden;
ich werfe meine Sehnsucht weit,
weit zu Gott

Nur heute

Oft gewinnt man beim Lesen von Büchern über Spiritualität heute den Eindruck, als tauche ein glaubender
Mensch vor allem in sich selbst ein und drehe sich dann
vor allem um sich selbst. Das sei seine Aufgabe: Selbst-
erkenntnis. Und nur dies. Ist der Weg in die Mitte, das
Lauschen auf den Klang der Welt vor allem ein Lauschen
auf das je Eigene? Der Mensch, der ausschließlich mit
Selbsterkennt-nis beschäftigt ist? Und ist das Eintauchen
in sich selbst vor allem Selbstbespiegelung? Muss es das
sein?
Schaut man dagegen auf die Forderungen, die innerhalb
des Protestantismus über Jahrhunderte gestellt wurden,
kann man den Eindruck haben, der Mensch müsse sich
vor allem selbst ablegen. Selbstverleugnung, das Kreuz
auf sich nehmen und anderen helfen führen zum Heil.

Ist dieser Gegensatz real? Ist er hilfreich? Muss ich mich entscheiden? Oder gibt es nicht doch auch einen Mittelweg, wie es der Mystiker Meister Eckart ausdrückte:

Wie ich auch sonst schon gesagt habe: Wäre ein Mensch so in Verzückung, wie's Sankt Paulus war, und wüsste einen kranken Menschen, der eines Süppleins von ihm bedürfte, ich erachtete es für weit besser, du ließest aus Liebe von der Verzückung ab und dientest dem Bedürftigen in größerer Liebe.

In vielen Klöstern wurde versucht, diesen Ansatz zu leben und, soweit irgend möglich, in das Alltagsleben zu integrieren: Ora et labora, bete und arbeite, nimm dir Zeit für dich und sei für andere da, wie Bernhard von Clairvaux in seinem Brief an Eugen III. schreibt.
Doch wie kann ein solches Leben gelingen – gerade im Blick auf die modernen Lebensrhythmen, die ein Höher, Schneller, Weiter geradezu aufzwingen, wenn man erfolgreich bleiben will. Wie wird mein Ton zur Melodie? Wie fügt er sich in die Melodie der Welt ein?
Worauf beziehe ich mich? Auf morgen? Zählt nicht vor allem, wer ich sein werde, was mir gelingen wird? Und wenn nicht das, dann doch zumindest das, was ich in den Augen der anderen bin oder sein werde? Also kämpfe ich mich nach vorn. Wohin? Wer weiß das schon. Nach irgendetwas, das sein wird. Dafür setze ich einiges ein. Im Grunde jeden Termin, alles, was ich plane. Für morgen. Für eine Melodie, die vielleicht sein wird. Die aber nicht jetzt erklingt.
Aber wer bin ich heute? Was ist in diesem Augenblick wesentlich? Wage ich es, alles zu lassen, für heute? Bin ich da, lebendig? Jetzt? Klingt mein Sound auch heute?

Darf er das? Kann ich mich damit begnügen? Diese Fragen stellen sich jeden Tag neu.

Die Mystiker haben immer das »Nun« gesucht. Diesen entgleitenden Augenblick Gegenwart. Ein Wort, einen Zustand, der in sich paradox ist. Gegen-Wart. Sie haben gekämpft, darin zu sein, da zu sein. Im Augenblick. Und von Augenblick zu Augenblick in Zukunft zu gleiten, die ebenso Vergangenheit ist. Auch ein Paradoxon.

Nur das Heute stellt mich vor die Entscheidung. Wie auch immer ich mich entscheide: Wenn ich eine Entscheidung treffe, so treffe ich sie in dem Moment, der mir gerade gegeben ist. Und sie fordert mich ganz. In den meisten Fällen ist das, was ich in diesem Augenblick tue, tun kann, ein winzig kleiner Schritt. Ein Nichts geradezu. Wenn ich aber dieses Nichts nicht riskiere, wird auch das nächste Nichts nicht gelingen. Und von Nichts zu Nichts taste ich mich an etwas heran, das sein wird.

NUR HEUTE werde ich mich bemühen, den Tag zu erleben, ohne das Problem meines Lebens auf einmal lösen zu wollen.

NUR HEUTE werde ich mich den Gegebenheiten anpassen, ohne zu verlangen, dass sich die Gegebenheiten an meine Wünsche anpassen.

NUR HEUTE werde ich etwas tun, wozu ich eigentlich keine Lust habe.

NUR HEUTE werde ich nicht danach streben, die anderen zu kritisieren oder zu verbessern – nur mich selbst.

NUR HEUTE werde ich eine gute Tat vollbringen.

NUR HEUTE werde ich zehn Minuten Zeit einem guten Buch widmen.

NUR HEUTE werde ich keine Angst haben.

NUR HEUTE werde ich ein genaues Programm aufstellen. Vielleicht halte ich mich nicht genau daran, aber ich werde es aufsetzen. Und ich werde mich vor zwei Übeln hüten: vor der Hetze und der Unentschlossenheit.

NUR HEUTE werde ich glauben – selbst wenn die Umstände das Gegenteil zeigen sollten –, dass Gott für mich da ist, als gäbe es sonst niemanden auf der Welt.

Ich will mich nicht entmutigen lassen durch den Gedanken, ich müsste dies alles mein ganzes Leben lang durchhalten.

HEUTE ist mir gegeben, das Gute während zwölf Stunden zu wirken.

Johannes XXIII.

»Gott loben, das ist unser Amt ...«

In einer von Elie Wiesel erzählten chassidischen Geschichte heißt es: »Damit die Seele in Schwingung gerate, muss man sie freilassen; zu viel Zwang droht sie zu ersticken.« Das, was von Gott in uns klingen kann, braucht Freiraum und Vertrauen. Zu viel Pflege und zu viele Vorschriften bewirken das Gleiche wie keinerlei Fürsorge und keinerlei Grenzen: Das Leben des Menschen verkümmert. Zugleich aber löst dieser Freiraum Ängste aus. Ich muss mich einem Leben anvertrauen, dessen Ausgang ungewiss ist. Und ich soll es jetzt tun, in diesem Augenblick. Paradoxerweise bleibt die Ungewissheit über ein gutes Ende bestehen, auch wenn das Leben mit Regeln und Normen überzogen wird. Man verhindert lediglich, dass das zur Entfaltung kommt, was im Menschen klingt – und man nimmt sich und oft auch dem Mitmenschen die Freude am Leben. Intolerante religiöse Gruppierungen haben zu allen Zeiten versucht, den Menschen in ein Korsett zu zwingen. Die (Lebens-)Freude war ihnen suspekt. Doch Menschen lassen sich nicht auf Dauer am Leben hindern. In der Geschichte, die Elie Wiesel erzählt, laufen sie ihrem Rabbi davon, um einem Geschichtenerzähler zu lauschen, der in ihnen wieder das Gefühl für das Leben wachruft. Und, vielleicht ist es nur eine Sehnsucht, aber in der Geschichte lauscht am Ende auch der Rabbi selbst dem Geschichtenerzähler, der seiner Seele den Gesang zurückgab.

In einer anderen Legende wird von drei Menschen erzählt, die zum Himmel aufsteigen und in den Alltag zurückkehren. Sie sehen und hören für menschliche Sinne Unfassbares. Überwältigendes Glück. Wie kann ein Mensch mit dieser Erfahrung ins Irdische zurückkehren? Der Erste verliert wegen des Unbegreiflichen in seinem Leben den Verstand, der Zweite wird zum Diktator, der Dritte setzt sich in das Fenster seines Hauses und singt Loblieder.

Es ist »nur« eine Legende. Und dennoch: Sie erzählt viel darüber, was das Leben tragen könnte. Gerade wenn wir Überwältigendes erleben, sei es im Guten, sei es im Schweren. Das Loblied gehört zu den erstaunlichsten Geschenken des Lebens. Jeder kann ohne besondere Mühe in seinem Leben Situationen, Entwicklungen, Tatbestände finden, die zu beklagen sind. Es ist nicht alles gut und es wird nicht alles gut. Über vieles im eigenen Leben, aber auch weltweit kann man nur untröstlich traurig sein. Die Verzweiflung, einmal zugelassen, droht alles andere zu verschlingen. Und dennoch, trotz all dieser unerträglichen Realitäten gibt es Gutes.

Das Loblied trägt eine Kraft in sich, die schwere Zeiten überstehen lässt. Es ist wenig hilfreich, sich die Klage zu verbieten. Oft ist sie nötig und braucht ihren eigenen Raum. Aber wenn aus der Klage Jammern wird, frisst es meine Kräfte auf, die ich zur Überwindung meines Problems bräuchte. Immer wieder einmal erzählen mir Menschen, dass für sie, gerade in schwerer Zeit, das Lob dessen, was dennoch ist und möglich bleibt, eine tragende Grundlage des Lebens geworden ist. Einer sagte einmal: »Ich kann mich nur noch durchloben.« Liedern, die aus dieser Haltung entstehen, wohnt eine Kraft inne, die aus der Stille, dem Zugang zum Transzendenten wächst. Sie verneint das Leiden nicht, sie banalisiert es nicht. Aber sie blickt darüber hinaus. So werden Lieder, wie das Lied der Maria, zu Ermutigungen, dem Leben wider alle Vernunft zu trauen.

Ich steh an deiner Krippen hier,
o Jesu, du mein Leben;
ich komme, bring und schenke dir,
was du mir hast gegeben.
Nimm hin, es ist mein Geist und Sinn,
Herz, Seel und Mut, nimm alles hin
und lass dir's wohlgefallen.

Da ich noch nicht geboren war,
da bist du mir geboren
und hast mich dir zu eigen gar,
eh ich dich kannt, erkoren.

Eh ich durch deine Hand gemacht,
da hast du schon bei dir bedacht,
wie du mein wolltest werden.

Ich lag in tiefster Todesnacht,
du warest meine Sonne,
die Sonne, die mir zugebracht
Licht, Leben, Freud und Wonne.
O Sonne, die das werte Licht
des Glaubens in mir zugericht',
wie schön sind deine Strahlen!

Ich sehe dich mit Freuden an
und kann mich nicht satt sehen;
und weil ich nun nichts weiter kann,
bleib ich anbetend stehen.
O dass mein Sinn ein Abgrund wär
und meine Seel ein weites Meer,
dass ich dich möchte fassen!

Wann oft mein Herz im Leibe weint
und keinen Trost kann finden,
rufst du mir zu: »Ich bin dein Freund,
ein Tilger deiner Sünden.
Was trauerst du, o Bruder mein?
Du sollst ja guter Dinge sein,
ich zahle deine Schulden.«

O dass doch so ein lieber Stern
soll in der Krippen liegen!
Für edle Kinder großer Herrn
gehören güldne Wiegen.
Ach Heu und Stroh ist viel zu schlecht,

Samt, Seide, Purpur wären recht,
dies Kindlein drauf zu legen!

Nehmt weg das Stroh, nehmt weg das Heu,
ich will mir Blumen holen,
dass meines Heilands Lager sei
auf lieblichen Violen;
mit Rosen, Nelken, Rosmarin
aus schönen Gärten will ich ihn
von oben her bestreuen.

Du fragest nicht nach Lust der Welt
noch nach des Leibes Freuden;
du hast dich bei uns eingestellt,
an unsrer Statt zu leiden,
suchst meiner Seele Herrlichkeit
durch Elend und Armseligkeit;
das will ich dir nicht wehren.

Eins aber, hoff ich, wirst du mir,
mein Heiland, nicht versagen:
dass ich dich möge für und für
in, bei und an mir tragen.
So lass mich doch dein Kripplein sein;
komm, komm und lege bei mir ein
dich und all deine Freuden.

Paul Gerhardt

Das Loblied löst in uns ein Staunen aus. Vielleicht ist sein tiefster Hintergrund auch ein Erwachen, ein Entdecken dessen, was ist. Staunen, sagt man, sei der Anfang jeder Religion. Ralf Rothmann sagt, »es stockt einem plötzlich der Atem«. Plötzlich ist es nicht mehr schwierig, wirklich anwesend zu sein, aufzunehmen. Die Stille ist gegenwärtig. Sie ist jetzt, wenn wir imstande sind, sie zu hören.

Wort und Antwort

Während einer Tournee mit drei befreundeten Posaunisten stand ich eines schönen Sommertags vor einer neuen Herausforderung: Unser Konzert fand unter freiem Himmel statt! Auf der Dachterrasse eines Seniorenstifts am bayerischen Ammersee hatten die Veranstalter Bänke und Stühle zwischen die teils üppigen Topfpflanzen platziert, und hier bauten wir also an einem Sonntagmorgen unser Instrumentarium auf, nicht ohne hin und wieder begeistert den bildschönen Ausblick auf den See und die dahinterliegenden bewaldeten Hügel zu genießen.
Hier also sollte ich mein Schlagzeugsolo »Avec plaisir« aufführen. Dieses Stück hatte ich bisher meist in Sakralräumen gespielt. Auch die Tonaufzeichnung für die CD-Version entstand in einer kleinen Dorfkirche nahe Leipzig. So war ich also ziemlich gespannt, wie das Werk hier wohl gelänge.
Unser Auftritt begann pünktlich 11 Uhr, nachdem sich die Dachterrasse mit einer Menge freundlicher und erwartungsvoller älterer Menschen gefüllt hatte. Zuvor hatte es einige Tropfen geregnet, so dass die Veranstaltung auch

unter dem Vorzeichen wechselhaften Wetters spannend werden konnte.

Die ersten Ensemblenummern und Conférencen wechselten wie gewohnt, und die freudige Erwartung des Publikums wandelte sich in Begeisterung. Ab und an verdunkelte sich der graue Himmel. Aber seine Schleusen blieben freundlicherweise geschlossen, und wir konnten gut gelaunt ein Stück nach dem anderen zum Besten geben. Der See im Hintergrund, zu dem mein Blick beim Trommeln öfters abschweifte, füllte sich mit Segelbooten; sogar ein größeres Passagierschiff nahm Kurs auf den kleinen Hafen unterhalb unserer Spielplattform.

Der für mich wohl aufregendste Teil des Konzerts rückte stetig näher. Angst oder Unsicherheit waren nicht zu spüren, doch eine ganz besondere Spannung stieg von Minute zu Minute. Kein von Menschenhand umbauter und verzierter Raum umgab hier schützend mein Spiel. Nein, hier oben befand sich der Spieler im wahrsten Sinne des Wortes unter »Gottes freiem Himmel«. Die Antworten, die mir sonst Holz, Glas und Stein auf meine Impulse zukommen ließen, würden hier ganz gewiss ausbleiben. Würde ich ins Leere spielen? Würden meine klanglichen Impulse, einmal hier oben ausgesandt, im Nichts versiegen? Ein wenig schummrig war es mir schon bei dieser Vorstellung, denn ohne die gewohnte Resonanz könnte mein Solo zum Monolog verkommen.

Die Ansage, ein heiteres Gedicht aus eigener Feder, war vorüber. Nun ging es ums Ganze. Ich begann mit einem einzelnen Akzent auf Glocke und Trommel, ließ den Glockenton so lange wie möglich klingen und untersetzte ihn dann kurz vor dem Verschwinden mit rhythmischen Impulsen, die ich dem großen Tomtom mittels meiner Hände entlockte.

Meine Aktion wurde nicht reflektiert, doch das hatte ich schon vorher gewusst. Aber es geschah etwas anderes: Statt der meist andachtsvollen Stille alltäglicher Konzerte wurden die Pausen, die in meiner Form der Musik eine sehr wichtige Rolle spielen, hier auf dem Dach mit anderen Klängen gefüllt, man konnte sogar sagen – bereichert! Der sanfte Wind, der kurz nach Beginn des Stücks aufgekommen war, ließ die Wipfel der umstehenden prächtigen Bäume ins Raunen kommen, Vögel unterhielten sich gedämpft über die weiteren Wetteraussichten dieses Sonntags, menschliche Stimmen verbanden sich mit Geräuschen emsig tätiger Verbrennungsmotoren. Gemeinsam schufen sie unaufdringlich einen klanglichen Horizont.

Unangenehm war mir das nicht. Ich erinnerte mich daran, dass ich vor vielen Jahren selbst eine CD gemacht hatte, auf der untergemischte Umweltgeräusche die Basis so mancher Komposition bildeten. Doch damals hatte der Musiker durch die Vorauswahl die Kontrolle über das Klangmaterial gehabt, und es gab Änderungen und Verwerfungen im Dienste unauffälliger Perfektion. Hier oben war das auch alles da, aber der Spieler war im besten Sinne dem akustischen Geschehen ringsum ausgeliefert.

Eine Weile spielte ich so weiter, und nach dem nächsten einzelnen Glockenschlag meines Stücks kam die Stelle, an der ich mit Trommelbesen vorwiegend gestisch zu agieren hatte. Wild wedelte ich also in der wohlriechenden Sommerluft über meinem Instrument herum, als etwas ganz Normales, aber für mich in diesem Augenblick völlig Faszinierendes geschah: Die Glocken einer kleinen Kirche in der Umgebung kündigten die Tagesmitte an. Zuerst zaghaft, dann immer bestimmter bimmelte es in meine gestischen Darstellungen hinein, so dass mir die Rückkehr zur akustischen Improvisation wie von selbst vorgegeben wurde. Geläut und Trommelimpulse begannen ein Netz zu weben. Wie lange mochte dies andauern? Mein Verstand hatte wohl akzeptiert, dass es am besten sei, sich in diese Klangumgebung kommentierend einzufügen, doch immer noch wollte er unbedingt die Kontrolle über das Erklingende behalten. So fragte ich mich also während dieser Minuten, wie lang das leise Gebimmel von nebenan noch andauern und ob mir denn auch eine formal schlüssige Kurve gelingen würde, die die Grundintention meines Stücks nicht allzu sehr entstellt.

Das Glöckchen von nebenan verstummte, von mir kam der Impuls von Fell und Metall, der auch sonst an dieser Stelle gekommen wäre. In das Verklingen meiner Signale mischte sich eine echt körperlich zu empfindende Stille in unserer Umgebung. Kein Wind, keine Vogelstimmen, und auch Geschwätz und Autos waren plötzlich verstummt. Der Himmel über uns war noch grau, aber mit leichtem Erschrecken wurde ich mir in diesem Augenblick der umfassenden Weite bewusst, als deren Teil ich mich nun bis in die allerletzte Zelle meines Körpers empfand!

Bei diesem Gefühl hätte man das Spiel oder auch diese Geschichte enden lassen können. Doch sollte auch hier der Annahme noch das Wunder folgen.

Inspiriert wollte der Spieler nun den letzten Satz seines Stücks zum Besten geben. Mit Filzschlägeln ließ ich die Becken leicht anschwellen, tippte einige Glocken an, und: Ein weiterer Mitspieler gesellte sich hinzu. Im Turm einer größeren, auch in der Nähe dieser dem Himmel so nahen Terrasse befindlichen Kirche begann das Mittagsgeläut: Eine mittelgroße Glocke kündigte das Kommen ihrer größeren, mächtigeren Schwester an, und als diese fast körperlich fassbaren Töne machtvoll über das Land schallten, überließ ich mich als kleiner Trommler mit seinen begrenzten instrumentalen Möglichkeiten ganz spontan der Führung durch etwas Größeres.

Während ich in der Folge diese tief sonoren Metallimpulse freudig mit Trommeln und Becken zu kommentieren suchte, verschwand für mich die unmittelbare Einbindung in die tradierte Umgebung von Raum und Zeit. Ich wusste jetzt nur, dass ich Anteil an etwas Größerem hatte, dass ich die Gnade genoss, mit dem unter, neben, hinter, vor und über mir Befindlichen eine nicht nur klangliche Einheit einzugehen. Ganz deutlich nahm ich das Geschehen wahr und wurde doch gleichzeitig vom großen Strom des Erbarmens weiter getragen.

Wie man manchmal liest, geschehen solche Vorgänge oft, ohne dass anwesende Mitmenschen die Größe des Geschehens wahrnehmen. Auch hier auf dem Dachgarten hatte ich nach dem Ende dieser Vereinigung das Gefühl, vom Publikum und von den Kollegen etwas seltsam beäugt zu werden. Doch das störte mich keinesfalls, denn mir war in diesem zeitlosen Moment so vieles wieder erinnerlich geworden, dass Worte und Musik zu diesen Gefühlen nur kleine Interpretationshilfen sein konnten. Trotzdem und gerade deshalb war hier und jetzt so etwas wie eine große Liebe.

Mein Stück endete mit drei leisen Glockenschlägen. Noch ergriffen vom unmittelbar Erlebten spielte ich den ersten davon. Auf dem See antwortete das Horn des Passagierschiffes. Ich spielte den zweiten Schlag, wieder ganz zart und leise. Auf dem See antwortete das Schiff zum zweiten Male.

Der gewohnte Geräuschhorizont war jetzt wieder da. Vögel zwitscherten, Menschen riefen sich fröhliche, unverständliche Sätze zu, der Wind sauste nun erstarkt durch die Wipfel der Bäume und kündigte einen milden Sommerregen an.

Ich tippte zum dritten Mal zart an mein Glöckchen. Wir waren gemeinsam in der lebendigen Stille. Das Schiff auf dem See schwieg. Meine Mitspieler hatten sich verabschiedet – in tiefem Frieden.

Manchmal frage ich mich, ob es nicht gut gewesen wäre, dieses akustische Erlebnis aufzunehmen. Doch das, was ich hier zu beschreiben versuche, sprengt den Rahmen einer technischen Aufzeichnung. Man kann es nur erleben.

Wolfram Dix

Sternstunden des Glaubens

Augenblicke dieser Art öffnen den Menschen für die tiefsten Erkenntnisse. Sie gehören ebenso zu den Sternstunden der Naturwissenschaft wie des Glaubens. Erkenntnis und Anbetung begegnen sich. Alles ist Teil einer einenden, unendlichen Liebe. Mehr bedarf es nicht. Vielleicht hat das keiner deutlicher zur Sprache gebracht als der Astronom und Theologe Johannes Kepler, den nur ein »Zufall« zum Wissenschaftler werden ließ. Sein Loblied über das All und das Leben hat bis heute nichts an Schönheit und Aktualität verloren:

Groß ist unser Herr und groß seine Macht und seiner Weisheit kein Ende. Lobt ihn, Sonne, Mond und Planeten, in welcher Sprache immer euer Loblied dem Schöpfer erklingen mag. Lobet ihn, ihr himmlischen Harmonien, und auch ihr, die Zeugen und Bestätiger seiner enthüllten Wahrheiten!

Und du, meine Seele, singe die Ehre des Herrn dein Leben lang! Von ihm und durch ihn und zu ihm sind alle Dinge, die sichtbaren und die unsichtbaren. Ihm allein sei Ehre und Ruhm von Ewigkeit zu Ewigkeit!

Ich danke dir, Schöpfer und Herr, dass du mir diese Freude an deiner Schöpfung, das Entzücken über die Werke deiner Hände geschenkt hast. Ich habe die Herrlichkeit deiner Werke den Menschen kundgetan, so weit mein endlicher Geist deine Unendlichkeit zu fassen vermochte.

Wo ich etwas gesagt habe, was deiner unwürdig ist, oder wo ich der eigenen Ehre nachgetrachtet habe, da vergib mir in Gnaden.

Johannes Kepler

Die Beter der Psalmen singen das Lied ebenso seit Jahrhunderten, jeder auf seine Weise. Sie laden uns zum Mitsingen ein. Vielleicht summen wir manchmal nur, vielleicht schmettern wir aus ganzem Herzen. Wesentlich ist, es mitzutun.

HERR, du erforschest mich und kennest mich.
Ich sitze oder stehe auf, so weißt du es;
du verstehst meine Gedanken von ferne.
Ich gehe oder liege, so bist du um mich
und siehst alle meine Wege.
Denn siehe, es ist kein Wort auf meiner Zunge,
das du, HERR, nicht schon wüsstest.
Von allen Seiten umgibst du mich und hältst deine
Hand über mir.
Diese Erkenntnis ist mir zu wunderbar und zu hoch,
ich kann sie nicht begreifen.
Wohin soll ich gehen vor deinem Geist,
und wohin soll ich fliehen vor deinem Angesicht?
Führe ich gen Himmel, so bist du da;
bettete ich mich bei den Toten,
siehe, so bist du auch da.
Nähme ich Flügel der Morgenröte
und bliebe am äußersten Meer,
so würde auch dort deine Hand mich führen
und deine Rechte mich halten.
Spräche ich: Finsternis möge mich decken
und Nacht statt Licht um mich sein –,
so wäre auch Finsternis nicht finster bei dir,
und die Nacht leuchtete wie der Tag.
Finsternis ist wie das Licht.
Denn du hast meine Nieren bereitet
und hast mich gebildet im Mutterleibe.
Ich danke dir dafür, dass ich wunderbar gemacht bin;
wunderbar sind deine Werke; das erkennt meine Seele.
Es war dir mein Gebein nicht verborgen,
als ich im Verborgenen gemacht wurde,
als ich gebildet wurde unten in der Erde.
Deine Augen sahen mich,

als ich noch nicht bereitet war,
und alle Tage waren in dein Buch geschrieben,
die noch werden sollten und von denen keiner da war.
Aber wie schwer sind für mich, Gott,
deine Gedanken! Wie ist ihre Summe so groß!
Wollte ich sie zählen,
so wären sie mehr als der Sand:
Am Ende bin ich noch immer bei dir.
[...]
Erforsche mich, Gott, und erkenne mein Herz;
prüfe mich und erkenne, wie ich's meine.
Und sieh, ob ich auf bösem Wege bin,
und leite mich auf ewigem Wege.

Psalm 139

Wenn die Melodie zerbricht

MEIN BETHLEHEM

Hier, wo ich bin
Am Ende des Pfads
Stolperweg durch die Nacht
Voller alberner Hoffnung

Hier, wo ich stehe
Im Tunneldunkel
Und der Engel ist weit
Und sein Licht

Hier wie damals
– beith lächem –
Brothaus
Verheißung
Morgen

Kein Leben bleibt von Krisen verschont. Irgendwann gerät
jeder an die Grenze seiner Belastbarkeit. Oder von außen
bricht etwas in mein Leben ein, das mich völlig aus der
Bahn wirft, sei es eine Krankheit, ein Unfall, ein Zusam-
menbrechen dessen, was mein Leben strukturiert hat.
Die Krise wird mich herausfordern, wird mich hinter-
fragen, traurig werden lassen. Ob die Krise mich aber
zur Verzweiflung bringt, meine Lebensgrundlage völlig
zerstört, oder ob ich sie als Herausforderung erfahre,

hängt von meiner Einstellung, meinen Prägungen, meiner innerlichen Grundorientierung ab. Die Krise, so unangenehm, unwillkommen, ungewollt und belastend sie ist, kann dennoch auch der Ausgangspunkt für eine neue Zukunft werden und damit eine Chance sein.

Der Weg der Sprache

Das Wort Krise ist aus dem Griechischen über das Lateinische ins Deutsche eingewandert. Die ursprüngliche Bedeutung – Meinung, Beurteilung – spielt im heutigen Denken kaum noch eine Rolle. Die Bedeutung des verwandten Verbes *krinein* – trennen, unterscheiden – liegt uns näher. Prägend ist die Verwendung von *crisis* in der Medizin des Mittelalters. Es bezeichnet den Höhe- und Wendepunkt des Krankheitsverlaufes. In dieser sensiblen Phase entscheidet sich das Schicksal des Patienten. Sie bringt Leben oder Tod. Einen »goldenen Mittelweg« gibt es nicht mehr. So ist Krise noch heute die Bezeichnung einer gewissermaßen verdichteten Situation: Entwicklungen führen auf einen Kulminationspunkt hin. An dieser Stelle muss sich der Betroffene stellen, egal ob als Einzelner oder in einer Gruppe von Menschen. Es ist nicht mehr möglich, in den bisher verfolgten Bahnen weiterzugehen. Leben oder Tod, Neuanfang und Zukunft oder Scheitern. Dazwischen gibt es nichts.

Im Weg der Sprache zeigt sich das, was an der Krise jedem Menschen Angst macht: Ich habe keine andere Wahl, als mich zu entscheiden, als zu unterscheiden und zu trennen. Ich bin diesem Augenblick ausgeliefert. Alles, was bisher galt, steht auf dem Prüfstand. In die Klärung dieser Frage fließen alle meine Kräfte. Jede Ablenkung von dieser Blickrichtung, diesem Krafteinsatz kann tödlich sein. Meine Lebensmelodie verlässt die bekannten Akkorde und Tonfolgen. Die vertraute Melodie scheint zu zerbrechen. Ob es sich »nur« um eine Variation bereits »gehörter« Themen handelt, kann ich in diesem Augenblick nicht entscheiden. Kann dieser Ton, wie die Akkorde in der Musik, zu neuer Harmonie führen? Ich weiß es nicht mehr. Schon der Klang des Wortes Krise, die ihm eigene Härte, macht dem Menschen spürbar, dass es jetzt um alles geht.

In die Mitte gehen

Gerade in diesen Zeiten fragt man sich häufiger als je zuvor: Wo ist Gott? Wie kann er, wenn er denn da sein sollte, das zulassen? Wie kann er mir dieses antun? Warum gerate gerade ich in diese Lage? Ist da überhaupt noch etwas von Gott in mir, wie die Mystiker es sagen? Die Fragen sind bedrängend und beängstigend zugleich. Was, wenn da nichts ist? Keine Hand, die hält, kein neuer Klang, nichts als dieser Abgrund?
Jede dieser Fragen, egal, wie viele Schmerzen sie bereitet, ist nötig. Und zugleich wird man aushalten lernen müssen, dass es oft genug keine logische Antwort gibt. Ein anderes Denken ist gefragt. Theologen, religiöse Gelehr-

te und Philosophen aller Zeiten haben sich dem Thema der Krise, der Frage nach dem Leiden gestellt. Sie ist eine der tiefsten Fragen, auf die es keine letztgültige Antwort gibt. Alle Lösung ist Versuch. Und dennoch kann man es nicht aufgeben, diese Teil-Antworten zu stammeln.

Krise fordert mich heraus, alles Überflüssige loszulassen, die eigene Mitte zu riskieren. Wer bin ich, wenn sich das, was ich für mich selbst, für mein Leben hielt, als nicht mehr tragfähig erweist?

Unser ganzes Leben ist notwendigerweise von Krisen begleitet, weil wir nichts bekommen, wenn wir nichts hergeben, weil wir nicht weiterwachsen, wenn wir stehenbleiben. Das Leben nimmt uns mit auf einen Weg: Wir müssen Zelte aufschlagen und wieder abbauen.

Wollen wir auf eine einfache Formel bringen, was eine Krise ist, lässt sich sagen: Etwas passt nicht mehr zu mir; etwas hat sich überlebt; etwas muss anders werden; es muss etwas entschieden, etwas neu werden.

Krisen sind deshalb so beunruhigend, weil wir das Alte, das Gewohnte verlassen müssen; das Neue ängstigt uns, da wir es noch nicht kennen und noch keine Erfahrung mit ihm gemacht haben.

Schockierend ist für uns meist, dass die Wahrheit, die uns eine Krise enthüllt, die Erkenntnis, die Einsicht, die sie uns bringt, verbunden mit der Aufforderung zur Änderung unseres Lebens, so unerwartet kommt.

Manchmal sehen wir in unerbittlicher Klarheit, wer wir sind, wer wir in einer Beziehung gewesen und geworden sind; wie angepasst oder unangepasst wir gelebt haben. Eine Krise kann die Stunde der Wahrheit sein, die Stunde des Anrufs, die Stunde zu antworten, die Zeit, nicht auszuweichen. Die Krise stellt uns. Die Krise heilt uns von

unserer Verkehrtheit. Krise ist Wachstum: Ich gehe einen
Schritt über das hinaus, was ich bis jetzt gewesen bin.
Krise ist die Erfahrung von Freiheit: Ich erfahre sie nur,
indem ich mich einlasse.
Krise ist Überprüfung von all dem, was ich bisher gelebt,
geglaubt, geliebt habe. Jede Krise ist eine Prüfung: In ihr
wird mein Vertrauen geprüft: mein Vertrauen in mich
selbst, mein Vertrauen in andere, mein Vertrauen ins
Leben, mein Vertrauen in Gott.

Teresia Hauser

Was von mir, meinem Leben, meinem Hoffen, bleibt, ist
ungewiss. Sicher ist aber, dass etwas bleiben wird. Jener
Teil, der aus Gott heraus geschaffen wird und in mir
ruht – auch wenn ich alles andere aufgeben muss.

Ermutigung, dennoch

Ich habe dich einen kleinen Augenblick verlassen, aber
mit großer Barmherzigkeit will ich dich sammeln. Ich
habe mein Angesicht im Augenblick des Zorns ein wenig
vor dir verborgen, aber mit ewiger Gnade will ich mich
deiner erbarmen, spricht der HERR, dein Erlöser. Ich halte
es wie zur Zeit Noahs, als ich schwor, dass die Wasser
Noahs nicht mehr über die Erde gehen sollten. So habe
ich geschworen, dass ich nicht mehr über dich zürnen
und dich nicht mehr schelten will. Denn es sollen wohl
Berge weichen und Hügel hinfallen, aber meine Gnade

soll nicht von dir weichen, und der Bund meines Friedens soll nicht hinfallen, spricht der HERR, dein Erbarmer.

Jesaja 54,7–10

Gott verlässt uns. Gott verbirgt sich. Der, der doch immer da ist – oder da zu sein hat? –, der, der unsere Gebete hört, erhört – oder zu erhören hat? –, ist nicht mehr spürbar anwesend. In immer wieder neuen Bildern nimmt das Jesajabuch und nehmen auch viele Psalmen dieses unfassbare Verhalten Gottes auf. Luther nennt es die Erfahrung des »dunklen« Gottes. Der liebe Gott ist nicht mehr lieb. Wolfgang Borchert fragt nach dem Erleben der Katastrophe des Zweiten Weltkriegs und den ersten Erkenntnissen über die Shoah verzweifelt: »Wann bist du eigentlich lieb, lieber Gott?«

Und da kommt auch ein alter Mann, der sieht aus wie der liebe Gott. Ja, beinahe wie der liebe Gott. Wer hat ihn eigentlich so genannt: »lieber Gott«? Die Menschen? Ja? Seltsam, ja, das müssen ganz seltsame Menschen sein, die ihn so nennen. Das sind wohl die Zufriedenen, die Satten, die Glücklichen und die, die Angst vor ihm haben. Die im Sonnenschein gehen, verliebt oder satt oder zufrieden – oder die es nachts mit der Angst kriegen, die sagen: Lieber Gott! Lieber Gott! Aber ich sage nicht Lieber Gott, ich kenne keinen, der ein lieber Gott ist! Wann bist du eigentlich lieb, lieber Gott?
Wir stehen alle draußen. Auch Gott steht draußen, und keiner macht ihm mehr eine Tür auf.

Wolfgang Borchert

Der fremde Gott

Wer Glauben ernst nimmt, kann der Frage nach dem verborgenen, dem unverständlichen Gott irgendwann nicht mehr ausweichen, selbst wenn ihn keine persönliche Krise dazu bringt. Spätestens durch das Erschrecken über die Welt, wie sie ist, nach den Katastrophen des 20. Jahrhunderts, den Völkermorden und den unfassbaren Entwicklungen in Naturwissenschaft und Technik zur Selbstvernichtung kann nicht mehr ungebrochen über Gott gesprochen werden. Wer ist dieser Gott? Und was ist das für ein Mensch, den Gott erschaffen hat? Was ist das für ein Gott, der solches zulässt?

Und wir können nicht redlich sein,
ohne zu erkennen,
dass wir in der Welt leben müssen –
»etsi deus non daretur«.[*]
Und eben dies erkennen wir – vor Gott!
Gott selbst zwingt uns zu dieser Erkenntnis.
So führt uns unser Mündigwerden
zu einer wahrhaftigeren Erkenntnis unserer Lage
vor Gott.
Gott gibt uns zu wissen, dass wir leben müssen
als solche, die mit dem Leben ohne Gott fertig werden.
Der Gott, der mit uns ist,
ist der Gott, der uns verlässt
(Markus 15,34)!
Der Gott, der uns in der Welt leben lässt,
ohne die Arbeitshypothese Gott,
ist der Gott, vor dem wir dauernd stehen.

[*] Als ob es Gott nicht gäbe.

Vor und mit Gott leben wir ohne Gott.
Gott lässt sich aus der Welt hinausdrängen ans Kreuz.
Gott ist ohnmächtig und schwach in der Welt
und gerade und nur so ist er bei uns und hilft uns.

Dietrich Bonhoeffer

Dies gilt es zu ertragen: Eine Melodie ohne den passenden Grundton, Heimat im Atonalen, jeder Bezugspunkt fehlt. Von jedem Ton aus ist jede Tonart möglich, jede Melodienfolge. Doch nichts ist erkennbar, keine Struktur, kein Halt, keine Geborgenheit. Zwölftonmusik. Der uns verlassende Gott ist die einzige Antwort: hinausgedrängt, verraten, ermordet. Kein Erfolg und kein rauschendes Glück. Offene Fragen, Erstarren, Verstummen. Das auszuhalten geht über die Kraft. Raum zur Trauer und Raum für die Anklage sind nötig. Ja, Gott ist uns fremd. Und ja, Gott bleibt unverfügbar und unbegreifbar. Ja, es gibt jeden Grund am Leben zu verzweifeln, zu zerbrechen.
Ebenso offen und unerträglich bleibt bei Jesaja die fehlende Antwort auf das Warum. Jesaja stellt es einfach in der Raum: Gott hat uns für eine Zeit verlassen. Auch so ist Gott. Gott selbst sagt, dass es so ist. Mehr ist dazu nicht zu sagen.

Aber in allem bleibt er Gott. In den Bombennächten über Berlin, die er im Gefängnis durchlebte und durchlitt, machte Dietrich Bonhoeffer es sich zur Aufgabe, im Es das Du zu finden. Luther ermutigte, immer wieder vom verborgenen zum offenbaren Gott zu fliehen.

Ja, es gibt die Katastrophen, das Erleben vollkommener Sinnlosigkeit, die Erfahrung absoluter zerstörender Gewalt. Aber es gibt zugleich auch ein anderes. Die Flucht ist nicht aussichtslos: Keiner verlässt in irgendeinem Augenblick seines Lebens den Bereich der Schöpfung. »Dennoch bleibe ich stets an dir«, heißt es in den Psalmen.

Das Leid frisst mich auf. Es nimmt mir den Atem und es tritt mich in den Staub. Und dennoch: Auch dann bleibt mir der Widerspruch. Der verlassende, abwesende Gott ist ja auch der Gott, von dem im 2. Buch Mose gesagt wird: »Ich bin der Ich-bin-da«. Jesaja sagt: Ja, Gott verlässt, aber er sucht wieder. Gott erbarmt sich. Es gibt einen Neuanfang, ein anderes Erfahren Gottes. Trotz allem.

»Können denn Berge weichen? Hügel fallen?« Natürlich können sie. Erdbeben, Vulkanausbrüche, Flutwellen … Es kann so manches geschehen. Aber selbst dann, nicht *gegen* die Katastrophe, sondern *in* dem Erleben verheißt Jesaja, dass Gottes Nähe größer ist. Die Worte des alten Propheten sind größer als mein Vertrauen. Aber sie rühren etwas in mir an. Sie untergraben meine Verzweiflung und geben dem Leben einen neuen Halt. Sie lassen mich über den Augenblick hinaussehen. Das Wie bleibt so rätselhaft wie Gott selbst.

Vielleicht ist es greifbar in der Freundlichkeit des Nachbarn, in einem Händedruck oder in einem Lachen, das
mich aufblicken und meine Verzweiflung, wenn auch nur
für Augenblicke, vergessen lässt.

Denn ich bin der HERR, dein Gott,
der Heilige Israels, dein Heiland.
Ich habe Ägypten für dich als Lösegeld gegeben,
Kusch und Seba an deiner Statt,
weil du in meinen Augen so wertgeachtet
und auch herrlich bist und weil ich dich lieb habe.
Ich gebe Menschen an deiner Statt
und Völker für dein Leben.
So fürchte dich nun nicht, denn ich bin bei dir.
Ich will vom Osten deine Kinder bringen
und dich vom Westen her sammeln,
ich will sagen zum Norden: Gib her!
und zum Süden: Halte nicht zurück!
Bring her meine Söhne von ferne
und meine Töchter vom Ende der Erde,
alle, die mit meinem Namen genannt sind,
die ich zu meiner Ehre geschaffen
und zubereitet und gemacht habe.

Jesaja 43,3

Das Dennoch Gottes weist über die Katastrophe hinaus. Es klingt durch die Hebräische Bibel hindurch bis zu uns heute. Es lehrt mich einen Mut und ein Vertrauen, die in nicht zu überbietender Weise in den Geschichten um Ostern erzählt werden: Alles ist vorbei. Die Freunde haben versagt und Jesus allein gelassen. Die Regierung wird ihres Auftrags nicht gerecht. Die Protestierenden sind eine so verschwindende Minderheit, dass man sie nicht einmal von der Hinrichtung fernhalten muss. Alles ist zu einem fürchterlichen Ende gekommen. Der Jesus, mit dem sich so große Hoffnungen verbanden, geht jämmerlich zugrunde. Ein bitterer Schluss eines so hoffnungsvollen Lebens. Es ist vorbei.

Aber dieses Ende ist nicht das Letzte, das über Menschen, das über diesen Menschen zu sagen wäre. Es ist, wie auch immer es aussehen mag, Vorletztes. Das letzte Wort über das Leben spricht der Gott, der allgegenwärtig ist. Nicht der Mensch. Und Gottes Wort ist: Leben. Der Mensch kann das Wort aufnehmen und weitertragen. Diese Geschichten erreichen uns, rund um den Erdball und gegen allen Anschein. Und sie verbreiten Hoffnung, auch wenn es nichts zu hoffen gibt.

Was ich über die Hoffnung sage, sage ich als alter Mensch. Ich weiß nicht, ob es allen Alten so geht, sicher aber vielen, dass sie nicht mehr in stimmigen und einleuchtenden Zusammenhängen reden; nicht weil der Verstand schwächer geworden ist, sondern weil einem das Leben die Systematik und die einleuchtenden Erklärungen ausgetrieben hat. Es sprechen so viele Todesdaten, Zerstörungsgeschichten und Unstimmigkeiten gegen den Zusammenhang und die Güte des Lebens, dass man sich eher wundert, dass Menschen das Leben loben und Gott preisen können.

Das Glaubensbekenntnis als systematische Aussage und Lehre zerbröckelt einem unter den Händen, aber umso fester hält man die Brocken, die man nicht aufgeben kann: Jesus Christus – das aufgedeckte Antlitz, Jesus Christus – in unseren Tod hineingestorben, Jesus Christus – die Hoffnung auf die Heilung aller Lebenswunden und Lebensschulden.

Es spricht viel dagegen, dieses zu glauben; vielleicht mehr dagegen, als dafür, aber ich erzähle eine Geschichte, bei der einem nichts anderes übrig bleibt, als zu glauben (oder nichts zu glauben). Ich finde sie bei Carlos Mesters, dem brasilianischen Befreiungstheologen (Die Botschaft des leidenden Volkes). Es ist die Geschichte von Teresinha, einer Frau aus dem brasilianischen Bergland. Das Kind der Teresinha ist erst wenige Monate alt und schwer krank. Sie ging zu einem Arzt, der die Behandlung verweigerte. Sie ging von Krankenhaus zu Krankenhaus, aber sie hatte nicht die richtigen Papiere und wird abgewiesen. Schließlich stirbt das Kind in ihren Armen. Einmal erzählte diese Frau die Geschichte des Sterbens ihres Kindes einer Nonne, und diese antwortete ihr: »Wie können Sie das nur aushalten, so zu leiden?« Teresinha antwortet: „Ich weiß nicht, Schwester. Wir sind arm, wir wissen nichts. Das Einzige, was für uns übrig bleibt in dieser Welt, ist leiden. Lassen Sie nur, Schwester, eines Tages wird sich das ändern. Gott hilft Leuten wie uns!«

»Eines Tages wird sich das ändern«, sagt diese Frau. »Den Tod vernichtet er für immer«, sagt Jesaja. »Gott hilft Leuten wie uns«, sagt diese Frau. »Gott wird abwischen alle Tränen von ihren Augen«, heißt es im letzten Buch der Bibel. Die Frage, was Erlösung bedeutet, kann ich nicht abstrakt beantworten. Ich könnte es nicht in der Bibel lesen, wenn ich es nicht aus den Worten dieser Frau lese. Die Frau in ihrem Schmerz und in ihrer Hoffnung ist meine Zeugin. Ich verstände sehr gut, wenn sie verstummte oder wenn ihre Sprache bescheiden würde und wenn sie nur noch sagte: So ist das Leben! Das Kind ist tot, und mehr hat unsereins nicht zu erwarten. Aber sie hat keinen Grund, so bescheiden zu sein. Sie geht mit ihrer Hoffnung aufs Ganze und sagt: »Eines Tages wird sich das ändern. Gott hilft Leuten wie uns!«

Es ist schön und menschenwürdig, dass ein Mensch sich die Hoffnung nicht verbieten lässt; dass sie einen neuen Himmel und eine neue Erde erwartet, in der sie nicht mehr ein erniedrigtes und beleidigtes Geschöpf ist. Ich finde den dickköpfigen Stolz schön, in dem sie ein Land erwartet, in dem »das Frühere vergangen« ist. Etwas schön zu finden, ist die erste und vielleicht kräftigste Verlockung zum Glauben. Diese Schönheit lehrt mich unzufrieden zu sein mit der unterernährten Vernunft, die nur sagt, was zu sagen ist. »Gott erlöst sein Volk.«

Das Herz ist zu klein für die Hoffnung auf die endgültige Bergung des Lebens. Man muss Zeugen haben.

Fulbert Steffensky

Von der Sehnsucht nach dem vollen Klang

AN JENEM TAG

Die Hände der Männer werden weich sein
und zärtlich
und die Augen der Frauen gütig
und hoffnungsoffen
und die Herzen, die Herzen
werden singen
als hätten sie nie etwas anderes getan.

Und auch die Füße der Kinder
finden einen Weg,
schmal, doch begehbar
An jenem Tag,
an dem das Weinen endet und Zukunft beginnt
dann

Das Staunen

Und nun spricht der HERR, der dich geschaffen hat, Jakob, und dich gemacht hat, Israel: Fürchte dich nicht, denn ich habe dich erlöst; ich habe dich bei deinem Namen gerufen; du bist mein! Wenn du durch Wasser gehst, will ich bei dir sein, dass dich die Ströme nicht ersäufen sollen; und wenn du ins Feuer gehst, sollst du nicht brennen, und die Flamme soll dich nicht versengen.

Jesaja 43,1–2

Mich hast du gerufen? Mich? Meinen Namen hast du genannt? Warum? Es gibt keinen Grund dafür, wenn ich ehrlich bin. Sieh mich an. Mich, den du gerufen hast: Du wirst kaum eine Erfolgsgeschichte entdecken. Ist es nicht enttäuschend, was dir in mir begegnet? Bist du, Gott, dir sicher, dass du mich meinst? Erfolglos und kraftlos wie ich oft bin. Wenig zuverlässig. Und kaum beachtet. Ein Niemand im großen Weltgefüge. Ich habe nie ein Casting gewonnen, keinen Preis erhalten, bin kaum auf einer Karriereleiter geklettert ... Was also siehst du, Gott, wenn du mich rufst? Was gilt – vor dir?
Aber du rufst. Du rufst mich, weil ich bin. Was ist es, dass das reine Sein mich so wertvoll macht, heraushebt aus allem, was ich nicht sein kann? Nur dein Wille? Unbegreiflich und groß? Du wolltest, dass ich bin. Nie werde ich erfahren, was dich dazu bewegt haben mag, gerade mich zu wollen. Mich, mit all dem, was mir misslingt und gelingt. Nie werde ich verstehen, was dich bewegte, all die anderen Menschen zu wollen, die ich kenne und die ich nicht kennenlernen werde. Für die sogenannten

Guten mag es Gründe geben, Einsichtiges. Für die Heiligen auch, aber es gibt ja auch andere.
Solche wie mich. Du sprichst und willst – und bleibst uns dunkel und fern. Du rufst, und selbst deine Nähe ist Rätsel und Frage ohne Antwort, ohne Voraussetzung, ohne erkennbares Ziel. Dein Wille ist. Mehr Antwort finden wir nicht.

Es sind nicht immer die Lauten stark,
nur weil sie lautstark sind.
Es gibt so viele, denen das Leben
ganz leise viel echter gelingt.

Die stehen nicht auf Bühnen, füllen keine Feuilletons,
die kämpfen auf schweren Plätzen.
Die müssen zum Beispiel in Großraumbüros
sich der Unmenschlichkeit widersetzen.

Die schützt kein Programm, kein Modedesign.
Die tragen an sich etwas schwerer.
Die wollen ganz einfach nur anständig sein
und brauchen keine Belehrer.

Die schreiben nie Lieder
die sind Melodie.
So aufrecht zu gehen
lerne ich nie.

Konstantin Wecker

Das Wort, das gilt

Was auch immer geschehen mag, sagst du, Gott, zu mir, welcher Gefahr auch immer du ausgesetzt sein wirst: Das gilt. Ich halte fest daran: Dein Wille gilt. Und ich ermutige mich aus den Worten der Bibel: Aus diesem Zustand kann dich keiner reißen, nicht einmal der Tod. Nichts. Unverlierbar. Du kannst daran nichts ändern, Mensch. Möchte ich das denn? Natürlich, ich arbeite und tue vieles. Dann soll doch dieses auch etwas gelten, etwas sein. Wozu denn sonst die Mühe, die Arbeit, der Kampf?! Aber nichts von all dem macht mich zu dem Menschen, der in deinen Augen wertvoll ist, sondern allein dein Ruf und deine Wertschätzung. Sie hebt mich heraus und ordnet mich zugleich ein: Du, Mensch, bist wert geachtet. Ja, du bist herrlich in den Augen Gottes. Du, du bist gemeint. Und ob du läufst oder rollst, ob du kriechst oder rennst, ob du verstehst oder nicht, ist gleichgültig: Du bist herrlich, Mensch.

Herrlich? Ich? In den Augen Gottes? Und auch dieses: geliebt? Ich kann es nur schwer glauben. Ich weiß doch, wenn ich in den Spiegel sehe, was ich da sehe: einen Menschen, mit allem, was dazugehört. Und dazu gehört erstaunlich Gutes, aber auch viel Dunkles, vieles, was andere weder sehen werden, noch sollen. Du, Gott, siehst das alles. Nein, ich kann deine Gabe nicht annehmen. Ich kann es nicht glauben. Ich bin es nicht wert. Es ist mir zu schwer, einfach anzunehmen, aufzunehmen, zuzulassen.

Aber du, Gott, rufst. Und wenn du rufst, so kommen sie alle. Mein Reden ist Zweifeln. Wie könnte ich glauben, angesichts der Welt, in der so vieles gegen deinen Ruf und deine Liebe spricht. Und zugleich bleibt mir nichts anderes. Deine Hand kommt mir entgegen. Sollte ich sie ausschlagen? Deine Hand?! Die gütig mir zum nächsten Schritt hilft, wie auch immer er aussehen kann?

Was bleibt, ist Staunen: Sie alle, auch ich, sind in deinem Namen genannt. Wir sind Geliebte Gottes. Eine Familie mit allem, was eine Familie zu bieten hat: Streit und Versöhnen, verhärtete Fronten und offene Türen, Vertrauen und Enttäuschung. Alle in deinem Namen genannt, alle, ohne Abstriche.

Und doch, wie oft sehne ich mich gerade danach: dass ich es aufnehmen könnte – egal, wie es mir gerade geht. Dass ich es annehmen könnte – egal, was mir gelingt oder welche Missgeschicke mir heute unterlaufen werden. Dass ich es wenigstens hören kann, wie du, Herr, sagst: Wie auch immer, du, Mensch, bist zu meiner Ehre gemacht. Mensch, höre dies, gegen deine Einsprüche, gegen die Lügen, die in dir Wurzeln geschlagen haben, höre:

Du also bist gerufen, egal, wie es dir geht.

Du also bist geliebt, wo auch immer du dich befindest.

Du bist zu Gottes Ehre gemacht, geschaffen, zubereitet.

Du bist Teil der einen großen Familie Gottes. Stimm ein.

Ich werde auf den Ruf antworten. Jeden Tag. Es bleibt mir gar nichts anderes übrig. Ich kann dem nicht ausweichen. Aber wie antworte ich?

Das steht bei mir. Du hältst mir deine Hand entgegen und rufst. Du zwingst mich nicht. Aber du zeigst mir etwas von dir: wie wichtig ich für dich bin. Unabhängig davon, ob ich mir selbst genüge oder nicht. Du sprichst mit mir – und mit dem Menschen neben mir. Du bietest mir und uns nicht mehr als diese fragile, unfassbare Liebe. Ich werde kein geordnetes Leben erhalten, nichts Fertiges und nichts Versichertes. An mich, an uns ergeht dein Ruf, uns gilt deine Liebe.

Und weniger als dieses Universum Leben, der Raum der Schöpfung und dein liebendes Herz, weniger ist es nicht.

Widerstehen

Mystik ist Widerstand, sagt Dorothee Sölle. Das Sichbeziehen auf die jedem Menschen geschenkte tiefste Lebensmelodie ist Widerspruch gegen eine Welt, in der alles zu jeder Zeit zu haben ist, das unverwechselbare Leben zu einem Einheitsmarsch verkommt. Jeder noch so leise Ton, jeder noch so unbedeutende Rhythmus hat seinen Wert, ist unverzichtbar. Nur dann kann die Schöpfung heil werden. Dieses tiefe Vertrauen in einen Gott, der in jedem Menschen ist und ihm gleichermaßen entgegengeht, ist ebenso Protest gegen ein Leben, das der Verzweiflung und dem Tod preisgegeben wird. Umso mehr, wenn Verzweiflung und Tod dem Wohlleben einiger weniger dienen. Ich gebe mich nicht damit zufrieden, dass die Welt ist, wie sie ist. Ich halte das Staunen über den Willen Gottes fest, der Gutes wünscht, ohne den Menschen zur Marionette werden zu lassen. Ich akzeptiere weder die Einsamkeit Vieler in Alters- und Pflegeheimen noch das Benutzen von Frauen, Mädchen, Jungen für kranke Bedürfnisse. Ich gebe mich nicht damit zufrieden, dass noch immer Dörfer und Städte aus unterschiedlichsten Machtinteressen heraus zerstört, Menschen ermordet werden. In mir wohnt eine Sehnsucht, die darüber

hinaussehen will. Ich finde mich nicht damit ab, dass
Tiere gequält werden, die Schöpfung insgesamt keinen
Wert mehr in sich selbst hat, sondern nur noch entspre-
chend ihrem Nutzwert eingeschätzt wird. Ich lasse diese
Sehnsucht zu, so schmerzhaft sie ist. Es muss mehr als
alles geben, heißt es in einer Geschichte.

Mehr als alles

Jesus nannte diese Sehnsucht die Suche nach dem Reich
Gottes. Das sollte das erste Ziel des Menschen sein. Die
Suche nach dem, was über den Augenblick hinausreicht
und sich dennoch in jedem Moment finden lässt: Gott
selbst. Jesus sagt: Das, was sein könnte, ist bereits vorhanden, wie ein Same, der in die Erde gelegt werden muss,
um Frucht zu bringen. Es ist unter uns spürbar wie ein
Fest, auf das man sich vorbereitet. Und zugleich liegt es
vor uns, wie ein Ereignis, auf das ich zugehe, eine Musik,
die ich kenne und doch erst noch hören werde.
Wenn das Leben des Menschen an dieser Stelle, in Gott
selbst, eine feste Mitte hat, ein tiefwurzelndes Zentrum,
dann wird sich alles andere beinahe wie von selbst dazu
ordnen. Mystiker nannten es: Das von Gott in dir. Diese
Gabe ist kein elitärer Besitz einiger weniger. Sie gehört
zutiefst zur Würde jedes Menschen. Oft scheint sie uns
nicht ohne Weiteres zugänglich. Menschen entwerten
sich selbst – oder sie entwerten andere. In jedem Fall ist
der Zusammenklang aller in Gefahr. Man könnte daran
verzweifeln und die Hoffnung auf den vollen, hohen Klang

oder den eigenen Anteil an der Symphonie des Lebens aufgeben. Resignation wäre logisch, aber nicht hilfreich. Widerstand ist gefragt, auch gegen die eigene Mutlosigkeit, gegen das eigene Aufgeben.

Nach 27 Jahren Haft und unzähligen erniedrigenden Erfahrungen des Rassismus wurde Nelson Mandela zum Präsidenten seines Landes Südafrika gewählt. Ein Neuanfang war möglich geworden. Seine Rede zum Amtsantritt ist ein bewegendes Zeugnis für die Kraft der Sehnsucht, die den Blick über den Abgrund nicht aufgibt:

> Unsere tiefste Angst ist nicht,
> dass wir der Sache nicht gewachsen sind.
> Unsere tiefste Angst ist,
> dass wir unermesslich mächtig sind.
> Es ist unser Licht, das wir fürchten,
> nicht unsere Dunkelheit.
> Wir fragen uns: Wer bin ich denn eigentlich,
> dass ich leuchtend, hinreißend, begnadet
> und fantastisch sein darf?
> Wer bist du denn, dass du das nicht sein darfst?
>
> Du bist ein Kind Gottes.
> Wenn du dich klein machst,
> dient das nicht der Welt.
> Es hat nichts mit Erleuchtung zu tun,
> wenn du dich in dich selbst verkrümmst,
> damit andere um dich herum
> sich nicht verunsichert fühlen.
>
> Du wurdest geboren,
> um die Ehre Gottes zu verwirklichen, die in uns ist.

Sie ist nicht nur in einigen von uns.
Sie ist in jedem Menschen.

Und wenn wir unser Licht erstrahlen lassen,
geben wir unbewusst
den anderen Menschen die Erlaubnis,
dasselbe zu tun.
Wenn wir uns von unserer Angst befreit haben,
wird unsere Gegenwart ohne unser Zutun
andere befreien.

Nelson Mandela

Die Fesseln sprengen

Sich den Luxus des Widerstandes gegen Entmutigung
und Verzweiflung trotz der pessimistischen Aussichten
unserer Zeit zu leisten, gehört vielleicht zu den wichtig-
sten Aufgaben, die uns heute aufgetragen sind. Wesent-
liche Impulse für diese Art Widerstand erhalten Menschen
in der sogenannten westlichen Welt heute vor allem aus
der sogenannten Dritten Welt, aus Ländern, in denen
Menschen durch das erfahrene Leid einen tieferen Zugang
zum Leben haben. Sie wahrzunehmen kann helfen, im
eigenen Leben einen verlorengeglaubten Sinn wieder-
zuentdecken und sich neu in den Gesang des Lebens ein-
zufinden, der Sehnsucht zu trauen.

Wenn wir andere als unsere Feinde betrachten, laufen wir Gefahr, zu dem zu werden, das wir hassen. Wenn wir andere unterdrücken, unterdrücken wir am Ende uns selbst. Die ganze Menschheit ist darauf angewiesen, das Menschsein des anderen anzuerkennen. Im Grunde können wir sagen, dass sogar die Befürworter der Apartheid Opfer des gewaltsamen Regimes waren, das sie eingeführt haben und das sie so enthusiastisch verteidigten. Dies ist kein Beispiel im Sinne der Moralapostel des ethischen Indifferentismus, die den Verzicht auf eine eigene Stellungnahme vertreten. Nein, es kommt aus unserem Grundverständnis des *ubuntu**. Unsere Menschlichkeit war verflochten. Die Menschlichkeit derjenigen, die die Grausamkeiten der Apartheid begingen, war an die ihrer Opfer gebunden und darin verfangen, ob es ihnen passte oder nicht. Indem er andere ihrer Menschenwürde beraubte, indem er unaussprechlichen Schmerz und Leid zufügte, wurde unausweichlich auch der Täter seiner Menschenwürde beraubt.

Ich pflegte immer zu sagen, dass der Unterdrücker mindestens ebenso sehr, wenn nicht sogar noch mehr, seiner Menschenwürde beraubt würde als der Unterdrückte. Viele Weiße hielten das lediglich für einen weiteren provokativen, Hass schürenden Slogan von diesem verantwortungslosen Ungeheuer Tutu. Aber es war und ist die Wahrheit. Ich erinnere mich, als der Kabinettsminister Jimmy Kruger gefühllos meinte, der Tod von Steve Biko im Gefängnis »lasse ihn kalt«. Es ist nicht weiter verwunderlich, dass er als einer, der an einer so üblen und menschenunwürdigen Politik wie der Apartheid beteiligt war und dem deshalb jegliches Feingefühl, jedes Mitgefühl für das Leiden anderer verloren gegangen war, am Ende auch einen Teil seiner eigenen Menschlichkeit verloren hatte.

* Zusammenleben, Bettine Reichelt

Auch diejenigen, die das System bekämpften, konnten als das enden, was sie am meisten verabscheuten. Tragischerweise wurden auch die Gegner der Apartheid häufig brutalisiert und begaben sich dann auf dasselbe niedere Niveau herab wie die, die sie bekämpften. Aber es gab auch jene, denen es in bemerkenswerter Weise gelang, selbst unter den brutalsten Umständen ihre Menschlichkeit zu bewahren.

Malusi Mpumlwana war ein junger enthusiastischer Aktivist und enger Vertrauter von Steve Biko im wichtigen Black Consciousness Movement Ende der Siebziger-, Anfang der Achtzigerjahre. Mit einigen anderen arbeitete er an dringend notwendigen Projekten zur Gemeindeentwicklung und Gesundheitsfürsorge für die verarmte und oft auch demoralisierte Landbevölkerung. Infolgedessen standen seine Frau und er unter strenger Bewachung und wurden von der allgegenwärtigen Sicherheitspolizei ständig belästigt. Oft wurden sie ohne richterliche Anhörung einfach inhaftiert, und in der Zeit, in der die Geschichte spielt, über die ich erzählen will, verbüßte er gerade einen fünfjährigen Bann in seiner Township am Eastern Cape. Ein solcher Bann bedeutete für die Betroffenen nicht nur buchstäblich Hausarrest, sondern sie durften darüber hinaus nicht in der Öffentlichkeit sprechen und sich immer nur mit einem Menschen auf einmal treffen. Aber irgendwie war Malusi der Sicherheitspolizei entwischt und nach Johannesburg gekommen, wo er nun bei mir in meinem Büro als Generalsekretär des Südafrikanischen Kirchenrates saß. Er sagte, dass er während seiner häufigen Verhaftungen, bei denen ihn die Sicherheitspolizei routinemäßig folterte, stets dachte: »Dies sind Gottes Kinder und doch benehmen sie sich wie Tiere. Sie brauchen unsere Hilfe, damit sie ihre verlorene Menschlichkeit wiedererlangen können.« Letztendlich musste unser Kampf ja erfolgreich enden, wenn solch beachtenswerte Menschen, auch wenn sie noch so jung waren wie Malusi, sich daran beteiligten.

Alle Südafrikaner waren weniger vollständige Menschen, als wir es ohne die Apartheid gewesen wären. Die privilegierten Weißen büßten etwas von ihrer Menschlichkeit ein, als sie achtloser wurden, weniger mitfühlend, weniger human und deshalb weniger menschlich, denn dieses Universum wurde so konstruiert, dass wir dafür bezahlen müssen, wenn wir nicht im Einklang mit seinen Gesetzen leben. Eines dieser Gesetze lautet, dass wir zusammengeschnürt sind in etwas, das die Bibel das »Bündlein der Lebendigen« nennt. Wie wir bereits gesehen haben, ist unsere Menschlichkeit eingebunden in die aller anderen. Wir sind einander Brüder und Schwestern, ob uns das gefällt oder nicht, und jeder Einzelne ist wertvoll. Es lohnt die Wiederholung, stets aufs Neue zu betonen, dass unser Wert nicht von Dingen abhängt wie ethnischer Zugehörigkeit, Religion, Nationalität, Geschlecht, sexueller Orientierung oder Status, sei es nun politisch, gesellschaftlich, wirtschaftlich oder bildungsmäßig. All dies ist äußerlich. Und jene, die dem »Bündlein der Lebendigen« zuwiderhandeln, können und werden den unweigerlichen und unerbittlichen Folgen ihrer Übertretungen der Gesetze des Universums nicht entkommen. Selbst unsere Feinde sind diesem »Bündlein der Lebendigen« eingebunden, und deshalb müssen wir sie umarmen.

Desmond Tutu

Es gibt Stunden, ganze Tage, in denen ich tätig bin und zugleich warte. Ich weiß zu diesen Zeiten vielleicht nicht einmal genau, worauf ich warte. Erwarte ich etwas, jemanden? Ich lausche in ein in gewisser Weise welttotes Schweigen hinein und hoffe. Ich lausche, und meine Sehnsucht brennt. Es ist schwer, in diesen Zeiten mit sich auszukommen, sich jetzt zu ertragen, jetzt nicht aufzugeben.

Diese Art des Wartens teilen viele. Aber sie bleiben in ihrer Erwartung häufig allein. Ausatmen, nur um wieder und wieder einzuatmen? Essen, nur um wieder hungrig zu werden? Gehen, nur um sich wieder an einen anderen Ort bewegen zu müssen? Einen Ton gestalten, der doch nur zur Melodie wird, wenn ihm ein neuer Ton folgt? Hat das einen Sinn? Es ist, als käme man nie vom Fleck. Gibt es ein Entrinnen? Hat dieser Tunnel keine zweite Öffnung? Gibt es kein Fenster, wenn die Tür verschlossen ist? Gibt dieses Wasser kein Leben mehr? Wird aus diesem Ton je ein Lied?

Die Sehnsucht nach dem Urgrund des Lebens ist von Zweifeln durchzogen. Und doch: Man ist unterwegs. Schritt um Schritt um Schritt. Man bringt seinen Klang in den der Schöpfung ein. Ton um Ton. Auch wenn ich davon nichts spüre. Oder wenn mir das, was ich wahrnehme, zu gering erscheint. Immerhin das geschieht mit mir: Ich atme, ich gehe, ich lebe. Innerlich und sehr real. Ich bewege mich fort. Ich komme voran. Ich bin Komponist in einer bereits komponierten Symphonie. Sicher weiß ich nicht genau, wohin das alles führt – selbst wenn ich für diesen Tag heute ein Ziel habe –, und dennoch ist eines sicher: Es ist nicht vorbei. Nicht jetzt, nicht heute, nicht morgen. Ich bewege mich. Der Weg führt von da, von einem vielleicht schmerzhaften Da, in ein neues, ein anderes. Es ist vor mir. Es ist. Meine Füße bleiben nicht still. Meine Ohren verschließen sich nicht. Meine Brust hebt und senkt sich. Schritt um Schritt um Schritt und Lauschen um Lauschen voran. Das ist wesentlich, trotz und mit den Zweifeln der Sehnsucht.

Ist das zu wenig? Eine innere Stimme hält dagegen: Nein, denn es ist. Spürst du nicht? Es ist. Du bist. Du bist da. In deinem Schmerz. In deiner Freude. Selbst wenn du nichts fühlen solltest. Dennoch bist du wachsend. Es ist der mühevolle Weg der kleinen Schritte, ein Weg der *minimal music*. Einer Musik, die sehr langsam, beinahe unhörbar über einen langen Zeitraum eine Melodie entwickelt. Man braucht Geduld, um sie zu erkennen, Zeit, Hörbereitschaft.

»Bereitet dem Herrn den Weg (Matthäus 3,3)!« Den Weg des Herrn bereiten wir, indem wir ihn gehen, und gehen wir, indem wir ihn bereiten. Und so weit ihr auch darauf vorankommen mögt, immer bleibt er noch zu bereiten. Ihr müsst euch von dem jeweils Erreichten immer neu aufmachen und ausstrecken nach dem, was vor euch liegt. Denn bei jedem Fortschritt kommt uns der Herr gewissermaßen neu und größer entgegen.

Guerric von Igny

Der Weg der Geduld, der kleinen Schritte kann Unglaubliches erreichen. Die bekanntesten Beispiele sind wohl der von Mahatma Gandhi initiierte Salzmarsch und die Erfolge des Bus-Boykotts gegen die Diskriminierung Schwarzer in Amerika. Mahatma Gandhi und Martin Luther King stehen für eine andere Art des Widerstandes. Kein blutiger Kampf, sondern ein friedliches Einstehen für das, was für alle unverzichtbar ist und dem Leben dient. Er ist kein Weg für Feiglinge, sagte Martin Luther King einmal. Für keinen. Weder für die sogenannten Großen der Geschichte, noch für Menschen wie dich und mich.

Der Weg, den du gehst, ist wie ein Fluss. Und zugleich bist du Teil des Flusses. Er beginnt als ein Rinnsal, eine Quelle, die vielleicht nicht einmal als eine solche erkennbar ist, und wird ein kleiner Bach, zu dem die Vögel kommen und singen. Kein Strom, der die Schiffe trägt. Nein, das noch nicht. Aber ein Bach. Treibend, voran, voran zum Meer. Mit Tiefen und Strudeln und Spiel und Verweilen. Ein Bach. Du selbst bist dieser Bach. Oder vielleicht auch nur ein Tropfen darin. Und neben dir das Ufer hat bereits von dir genommen, ist grün. Und was für ein Grün. Dein Grün.

Auch das erlebt der Bach: Die Ufer sind felsig und kahl. Manchmal schmerzt dich ein Stein, um den du dich windest, stößt dich das Ufer rau zurück. Vielleicht strudelt aus der Tiefe Trübdunkles. Oder es schüttet einer von außen Giftiges in dich. Das Grün, das sich aus deinem Wasser nährt, hat Mühe, Wurzeln zu fassen. Aber es wächst. Und auch du wächst. Auch am Schmerz. Jeder Bach, jeder Fluss hat die Fähigkeit zur Selbstreinigung. Klärung ist möglich.

In der Nähe hörst du das Plätschern eines anderen. Keiner ist allein. Zum einen Bach gesellt sich ein weiterer.

Gemeinsam werden sie zum Fluss, der dem Meer zustrebt. Niemand ist völlig sich selbst überlassen. Wassertropfen bedeuten Quelle und Bach und Meer. Mensch bedeutet Menschen, sagen die Afrikaner. Es ist nicht letztentscheidend wichtig, ob dein Flussbett so wird, wie du es erwartet hast, oder ob alles gelingt.

Denn irgendwo draußen ist das Meer. Es erwartet jeden. Jeder Tropfen ist bereits Teil dieses Einen. Aber jetzt noch ist Zeit zu begrünen, Zeit zu verschenken, Zeit zu wachsen. Deine Zeit.

Als Jesus die Volksmenge sah, all die Scharen von Menschen, stieg er auf einen Berg, setzte sich nieder, und seine Jünger umringten ihn. Dann begann er zu sprechen und verkündete ihnen die Lehre.

> »Wohl denen, die arm sind vor Gott
> und es wissen.
> Ihnen gehört das Reich der Himmel.
> Wohl denen, die Leiden erfahren.
> Trost ist ihnen gewiss.
> Wohl denen,
> die gewaltlos sind und Freundlichkeit üben.
> Erben werden sie das Land.
> Wohl denen, die hungrig und durstig
> nach Gerechtigkeit sind.
> Ihr Hunger und ihr Durst wird gestillt.
> Wohl denen, die barmherzig sind.
> Sie werden Barmherzigkeit finden.
> Wohl denen, die aufrichtig sind
> in ihrem Herzen.
> Sie werden Gott sehen.

Wohl denen, die Frieden bringen.
Gottes Kinder werden sie heißen.
Wohl denen, die verfolgt werden,
weil sie Gerechtigkeit lieben.
Ihnen gehört das Reich der Himmel.«

Matthäus 5,3–10
in der Übertragung von Walter Jens

Blick in die Zukunft

An der Grenze zwischen Jordanien und Israel liegt der Berg Nebo: Man sagt, von diesem Punkt aus habe Mose das Gelobte Land gesehen. Den Jordan, die fruchtbare Ebene. Nimmt man an, dass das Wetter gut war, konnte er auch noch weiter sehen, bis hinauf zu der Stelle, an der heute Jerusalem ist. Es war ein Blick über das Land der Zukunft. Er sah das Land, von dem er immer geträumt hatte. Das, was er für sich und alle anderen erhoffte. Er selbst konnte das Land nicht mehr betreten. Aber er wusste, dass alle anderen den Weg über den Jordan gehen würden. Den ersehnten, erhofften Weg.

Wie das Leben der Zukunft aussehen wird, konnte er wohl nicht sehen. Was er sah, streifte nur das, was ihm vor Augen lag. Es war lediglich ein Blick auf die Orte seiner Sehnsucht. Doch zugleich gingen seine Sinne in die Tiefe, hörte er bereits das Lachen der Kinder, die Lieder der Alten. Und er war allein. Dieser Blick, dieses Lauschen war eine Sache zwischen ihm und Gott. Ein Ausblick über die Grenze hinaus.

Was Menschen wahrnehmen, hängt vom Standpunkt der Betrachtung und vom Blickwinkel ab. Es kann sein, dass man nur die eigenen Füße sieht, vielleicht noch den nächsten möglichen Schritt. Man hört, was man hören will. Es gibt Tage, da möchte man noch nicht einmal das wahrnehmen. Das heißt nicht, dass es nichts anderes gäbe. Aber es ist in diesem Augenblick nicht erkennbar. An anderen Tagen steht man wie auf einem Berg. Und der Blick weitet sich. Man entdeckt, was noch vor einem liegt. Man hört das Rauschen, das in der Luft liegt, spürt die Ferne und erkennt einen Weg, der weiter führt. Man sieht über das Tal hinaus, über den nächsten Schritt. Ein mittelalterliches Bild zeigt einen Menschen, der den Kopf durch die Schale, die Begrenzung der Welt steckt. Er sieht über das Weltall hinaus auf das, was dahinter liegt. So weit wollte man sehen lernen: über den Horizont hinaus. Es muss doch mehr als dieses Alles geben.

Was sah Mose wirklich? Was hörte er? Was nehme ich wahr, wenn ich auf meinem Berg Nebo stehe oder den Kopf durch die Schale des Alls strecke? Vielleicht kommt mein eigener Jordan in den Blick, die Grenze zwischen dem, was ist, und dem, was ich mir erhoffe. Vielleicht sehe ich auf das fruchtbare Tal dahinter. Und vielleicht, bei gutem Wetter, an sehr mutigen Tagen oder an Tagen, an denen mir nichts anderes übrig bleibt, wage ich auch einen Blick auf die hochgebaute Stadt, auf Jerusalem, das Symbol der Zukunft über den Tod hinaus. Ich lausche. Und ich höre mehr. Mehr als alles. Mehr als meinen einzelnen Ton, mehr als meine kleine Melodie. Ich bin ein Teil des hohen Klangs, der schon ist und doch erst zu voller Schönheit aufblühen wird.
Es ist ein sehr persönlicher Augenblick, ein Moment zwischen mir und Gott. Diesen Augenblick sollte ich mir von niemandem stören lassen. Es kann ein Blick der Erkenntnis, der Harmonie sein: Alle Dissonanz, die mein Leben geprägt haben mag, wird sich auflösen in Konsonanz. Die Dissonanz war nötig, um einmal wieder in den harmonischen Klang zu gelangen. Und vielleicht kann ich danach das ablegen, was mein Leben zur Last macht, mich im Atonalen gefangen hält und zwingt, den Blick auf die Füße zu senken, und kann vertrauensvoll alles in die Hände legen, die meine Zukunft tragen

und schon immer getragen haben, kann zulassen, dass ich Teil einer unfassbaren, wunderbaren Melodie bin und bleiben werde.

QUELLEN

Bernhard von Clairveaux: Gönne dich dir selbst!, zitiert nach: Gotteserfahrung und Weg in die Welt, hg. v. B. Schellenberger, Olten: Otto Walter Verlag 1982.

Wolfgang Borchert: Draußen vor der Tür, Leipzig: Insel Verlag 1960, 5. Szene.

Dietrich Bonhoeffer: Auszug aus dem Brief an Eberhard Bethge vom 16.7.1944, aus: Ders., Widerstand und Ergebung. Briefe und Aufzeichnungen aus der Haft, hg. von Christian Gremmels u. a., Gütersloh: Chr. Kaiser/Gütersloher Verlagshaus 1998, S. 533 f.

Alexander Carmichael: Auszüge aus Carmina Gadaelica, zitiert nach: Manfred Wester, Meine Insel Glück. Entdeckungen in Irland, Eschbach/Markgräferland: Verlag am Eschbach der Schwabenverlag AG 2006, S. 10 f.

Wolfram Dix: Wort und Antwort, © beim Verfasser.

Guerric von Igny: Bereitet dem Herrn den Weg!, zitiert nach: Über das geistliche Wachstum. Zisterziensische Spiritualität für den Alltag Heft 4, hg. v. d. Zisterzienserabtei Mariastern-Gwiggen, 2003, Hohenweiler.

Theresia Hauser: Krise ist die Erfahrung von Freiheit, Quelle unbekannt.

Walter Jens: Die vier Evangelien: Matthäus, Markus, Lukas, Johannes/ übers. von Walter Jens, Stuttgart: Radius-Verlag 1998, S. 15 f.

Johannes XXIII.: Nur heute ..., Auszüge aus: »Dekalog der Gelassenheit«, www.erzabtei.de/antiquariat/Predigtarchiv/predigten/Gebete/ dekalog.html

Johannes Kepler: Groß ist unser Herr ..., zitiert nach: Jörg Zink, Dornen können Rosen tragen. Mystik. Die Zukunft des Christentums, Stuttgart: Kreuz Verlag 1997.

Nelson Mandela: Unsere tiefste Angst ist nicht ..., Auszug aus der Antrittsrede als Präsident der Republik Südafrika 1994.

Peter Meis: Auf der Spur des Lebens. Den Reichtum des Glaubens im Kirchenjahr entdecken, © Claudius Verlag, München 2011.

Peter Meis, Weihnachten, aus: Schätze des Glaubens – Aufsätze zum Kirchenjahr. Textsammlung 2010, © beim Verfasser.

Andreas Knapp/Melanie Wolters: Glaube der nach Freiheit schmeckt. Einladung an Zweifler und Skeptiker. München: Pattloch 2009, S. 63.

Rainer Maria Rilke: Das ist die Sehnsucht: Wohnen im Gewoge, zitiert nach: Ders., Gedichte und Prosa, Köln: Parkland Verlag 1998.

Ralf Rothmann: Vollkommene Stille. Rede zur Verleihung des Max-Frisch-Preises 2006, zitiert nach: www.nzz.ch/2006/10/30/fe/article EKM5L.html (Abruf 31.8.2010).

Fulbert Steffensky: Man muss Zeugen haben ..., zitiert nach: Sonntag, Nr. 22 vom 30. Mai 2010.

Desmond Tutu: Über die Feindesliebe, aus: Ders., Gott hat einen Traum. Neue Hoffnung für unsere Zeit, München: Hugendubel 2004, S. 65 ff.

Konstantin Wecker: Es sind nicht immer die Lauten stark, aus: Ders., Zeitlos, © 1993 Universal Music Domestic Division, a division of Universal Music GmbH

Jörg Zink: Die Denker der alten Welt ..., aus: Ders., Dornen können Rosen tragen. Mystik. Die Zukunft des Christentums, Stuttgart: Kreuz Verlag 1997, S. 321 ff.

Jörg Zink: Lukas 1,46-55, aus: Ders., Das neue Testament. Stuttgart: Kreuz-Verlag 1965, S.125 f.

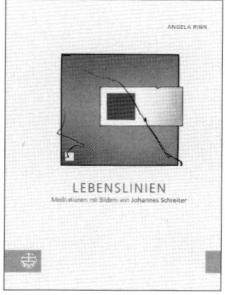

Angela Rinn
Lebenslinien
Meditationen mit Bildern
von Johannes Schreiter

144 Seiten mit zahlr. Abb., Hardcover
ISBN 978-3-374-02803-0
EUR 14,80 [D]

Die Gedanken von Angela Rinn und die Glas-
kunst von Johannes Schreiter treten in einen
faszinierenden Dialog über „Lebenslinien". Diese
verlaufen nie gerade, oft zeichnen sie sich durch
Krümmungen, Brüche und erstaunliche Wen-
dungen aus. Als poetischer Kontrapunkt findet
sich zu jeder Meditation ein Gedicht von Goethe,
Eichendorff, Rilke oder anderen. Daraus entsteht
ein Geschenkbuch für alle, die sich von der Kunst
des Lebens berühren lassen. Ein Begleiter für
Menschen, die auf dem Weg sind.

EVANGELISCHE VERLAGSANSTALT
Leipzig

www.eva-leipzig.de

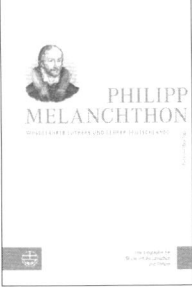

Bettine Reichelt

Philipp Melanchthon.

Weggefährte Luthers und Lehrer
Deutschlands

136 Seiten mit zahlr. Abb.,
Klappenbroschur
ISBN 978-3-374-02781-1
EUR 14,80 [D]

Die Wirkung der theologischen und vor allem pä-
dagogischen Arbeit Philipp Melanchthons kann
kaum überschätzt werden. Er schrieb eine Viel-
zahl von Lehr- und Schulbüchern, war zentral
an der Entstehung reformatorischen Schrifttums
beteiligt und legte erstmals eine systematische
Zusammenfassung der neuen evangelischen
Lehre vor. Der auf Melanchthon zurückgehende
Einfluss des Humanismus auf die entstehenden
evangelischen Kirchen ist bis heute für die enge
Verbindung von Protestantismus und Bildung
verantwortlich.

Beigefügte Zitate aus Briefen, Gedichten und
Glaubenstexten runden die biographische Skizze
ab.

EVANGELISCHE VERLAGSANSTALT
Leipzig

www.eva-leipzig.de